Thomas Ritter

Magische Palmblätter

„Magische Palmblätter"
Erste Auflage Februar 2021

Ancient Mail Verlag Werner Betz
Europaring 57, D-64521 Groß-Gerau
Tel.: 00 49 (0) 61 52/5 43 75, Fax: 00 49 (0) 61 52/94 91 82
www.ancientmail.de
Email: ancientmail@t-online.de

Verantwortlich für die Produktsicherheit:
Ancient Mail Verlag – Werner Betz
Europaring 57, 64521 Groß-Gerau
Email: ancientmail@t-online.de

Bibliografische Information der Deutschen Nationalbibliothek:
Die Deutsche Nationalbibliothek verzeichnet diese Publikation in der Deutschen Nationalbibliografie; detaillierte bibliografische Daten sind im Internet über http://dnb.dnb.de abrufbar.

Coverfotos: Thomas Ritter
Umschlaggestaltung: Werner Betz

ISBN 978-3-95652-300-7

Antoine de Saint-Exupery sagte einst:

Lieben ist nicht sich gegenseitig anzusehen;
es ist gemeinsam in die gleiche Richtung zu sehen.

Für Sabine, die Frau an meiner Seite,
die Liebe meines Lebens ...

Inhaltsverzeichnis

Indiens Palmblattbibliotheken

Wenn Ihnen jemand in einem weit entfernten, fremden Land offenbaren würde, dass er Ihre persönliche Vergangenheit, Gegenwart und Zukunft kennt, indem er sie aus in Sanskrit oder Tamil verfassten Schriften lesen könne, die auf uralten Palmblattmanuskripten geschrieben stehen – würden Sie ihm glauben? Wahrscheinlich nicht.

Dennoch gibt es sie, die geheimnisvollen Palmblattbibliotheken. Die Urschriften der dort aufbewahrten Palmblätter wurden von einer Gruppe mythologischer Wesen – den Rishis – verfasst, die etwa 5000 v. Chr. gelebt haben sollen. Der Überlieferung zufolge nutzten die Rishis ihre spirituellen Fähigkeiten dazu, aus der Akasha-Chronik die Lebensläufe von mehreren Millionen Menschen zu lesen und schriftlich auf den getrockneten Blättern der Stechpalme zu fixieren. Das gesamte Leben dieser Menschen, von der Geburt bis zum genauen Zeitpunkt ihres Todes, wurde auf den Palmblättern in Alt-Tamil - einer Sprache, die heutzutage nur noch von wenigen Eingeweihten beherrscht wird - in eng geschriebenen Zeichen eingeritzt. Ein solches Palmblatt überdauert im Normalfall etwa 800 Jahre. Wenn es alt und brüchig geworden ist, wird eine Abschrift des Textes auf einem neuen Palmblatt angefertigt. Von der einstigen Urschrift existieren zwölf Kopien, die in ebenso vielen Bibliotheken in ganz Indien bewahrt werden. Etwa 10 Prozent der Palmblätter sollen Informationen über das Schicksal von Nicht-Indern enthalten. Jeder, der erfahren möchte, was das Schicksal für ihn bereithält, muss sich aber selbst in eine der Palmblattbibliotheken begeben.

Anders als im Westen sind in Südostasien Wissenschaft und Religion keine ausgeprägten Gegensätze. Sie werden vielmehr als zwei verschiedene, einander ergänzende Wege auf der Suche nach Wahrheit und Erleuchtung angesehen. In der hinduistischen Wissenschaft hängt das Verständnis der äußeren Wirklichkeit untrennbar vom Verständnis des Göttlichen ab. Ganz besonders gilt das hier Gesagte für Systeme, die im Westen als „Pseudowissenschaft“ oder noch schärfer formuliert „Aberglauben“ abgetan werden. Dieser Verachtung durch die Schulwissenschaft sind neben zahlreichen alternativen Heilverfahren – als umstrittenstes Beispiel sei hier nur die Geistheilung erwähnt – auch die vielfältigen Möglichkeiten einer mehr oder minder exakten Deutung der individuellen bzw. kollektiven Zukunft anheimgefallen. Die Astrologie etwa ist im Abendland trotz zahlreicher zutreffender Voraussagen immer noch eine vielfach bespöttelte Außenseiterdisziplin. In Indien dagegen wird die Zukunftsdeutung nach wissenschaftlich anmutenden Kriterien betrieben. Die vedische Astrologie geht davon aus, dass das Universum ein geschlossenes System darstellt und in seiner Gesamtheit den gleichen Gesetzmäßigkeiten gehorcht. Bei der Betrachtung eines beliebigen Teiles dieses geschlossenen Systems muss es daher möglich sein, auf das Verhalten anderer Teile dieses Systems zu schließen.

Der Grundsatz „Wie oben, so unten“, der abendländischen Hermetiker besagt im Prinzip dasselbe.

Ein Horoskop zeigt nach Auffassung der Jyotir-Astrologen daher bei entsprechender Berechnung mit exakter Genauigkeit die Verteilung der Wirklichkeitsbausteine an, aus denen sich das Leben eines jeden Menschen im Einzelnen zusammensetzt. Das Horoskop lässt also sichtbar werden, welche dieser „Bausteine“ etwa in Form von Talenten, Neigungen und Veranlagungen mit in das Leben gebracht werden und welche es noch durch entsprechende Erfahrungen zu erwerben gilt. Es zeigt sogar die Art und Weise des Handelns oder Geschehens an, das die noch ausstehenden Erfahrungen erst ermöglicht. In einem solchen Horoskop sind Ausgangspunkt und Finalität eines Lebens vereint. Das Horoskop, welches für den Zeitpunkt der Geburt eines Menschen erstellt wird, beinhaltet aus der Sicht der Jyotir-Veda also die „Lebensformel“ der betreffenden Person. Die indische Astrologie – einstmals wurde sie mit Astronomie gleichgesetzt – wird schon seit mehr als 1.500 Jahren in der heute bekannten Form ausgeübt. Sie ist aus der Synthese zweier großer Traditionen entstanden. In Indien entwickelte sich ursprünglich die im Purana beschriebene Jyoti – die Wissenschaft der göttlichen Astronomie. Erste „Untersuchungen der Lichter am Himmel“ finden sich in den Vedangas. Diese Kommentare sind die „Glieder der Veden“ und um etwa 400 v. u. Z. zum ersten Male schriftlich niedergelegt worden. Ebenso wie die frühe westliche Astrologie stellte auch die Jyoti-Lehre eine Wissenschaft dar, die aus den Disziplinen Philosophie, Astronomie und Mathematik bestand. Diese Jothi-Lehre verschmolz vor mehr als 1.500 Jahren mit dem altgriechischen System der Astrologie. Daher ist die indische Astrologie der abendländischen auch in vielen Belangen ähnlich. So führte die Verbindung zwischen abendländischem und indischem Denken zu einer Blüte der wissenschaftlichen Astrologie, die bis heute andauert, da die Horoskope indischer Astrologen von einer bestechenden Präzision sind. Keinesfalls sollte man sich die indische Astrologie als monolithisches Denkgebäude vorstellen. Vielmehr untergliedert sie sich in verschiedene Zweige. Da ist beispielsweise der im Alltag überaus wichtige, Muhurta genannte Bereich. Er dient der Bestimmung des günstigsten Zeitpunktes für die Vornahme einer Handlung, etwa den Abschluss eines Geschäftes. Die Vishava-Astrologie hingegen hilft bei der Partnerwahl und der Bestimmung des Termins für die Hochzeit. So ist es in Indien durchaus üblich, bei einer Partnersuche mittels Zeitungsinserat auch das Horoskop des Wunschpartners aufzuführen.

Jedoch bildet das Horoskop nicht die einzige Variante der Zukunftsschau. Es gibt noch andere Möglichkeiten, deren wohl vollkommenste und auch spektakulärste vor allem in Indien praktiziert wird - in den geheimnisumwobenen Palmblattbibliotheken.

Im August 1993 besuchte ich zum ersten Mal den indischen Subkontinent. Da sich alle mir bekannten Palmblattbibliotheken in Südindien befinden, hatte ich Madras, die Hauptstadt des indischen Bundesstaates Tamil Nadu, als Ausgangsort meiner Exkursionen gewählt. Das Nadi-Reading, welches der Leser R. V. Ramani in seiner Bibliothek dort für mich abhielt, dauerte etwa 50 Minuten. Die Basis des Nadi-

Readings ist die Lehre vom Shuka-Nadi. Diese Lehre beruht auf der Wahrnehmung von Vergangenheit und Zukunft jenseits unseres herkömmlichen Raum-Zeit-Begriffes. Darauf aufbauend, soll das Shuka-Nadi eine lebensberatende Funktion ausfüllen. In der Palmblattbibliothek von Sri Ramani, die in ihrem Ursprung auf den Rishi Kakabujanda zurückgehen soll, lief das Nadi-Reading nach einem vorgezeichneten Ritual ab. Der Klient gibt zunächst seinen vollständigen Namen und sein Geburtsdatum an. Das Orakelhafte der Zeremonie beginnt, wenn der Besucher dann neun polierte Muscheln über einem Mandala werfen muss, dass in einen kleinen Teppich gestickt ist. Danach sucht der Nadi-Reader die im Zentrum des Mandalas liegenden Muscheln heraus. Ihre Zahl, verbunden mit den bereits genannten Daten, bildet die Information für das Auffinden des persönlichen Palmblattes unter Tausenden von Palmblattmanuskripten. Sri Ramani gelang es in relativ kurzer Zeit (ca. 5 – 7 Minuten), „mein" persönliches Palmblatt herauszusuchen. Danach übersetzte er die Texte des Palmblattes schriftlich ins Englische.

Mein Palmblatt enthielt Informationen und genaue Daten über die Vergangenheit, teilweise sogar aus früheren Inkarnationen, bis hin zur Zukunft sowie Aussagen über sehr persönliche, ja intime Angelegenheiten, welche, soweit sie die Vergangenheit betrafen, auch überprüfbar waren und der Wahrheit entsprachen. Nach der Zeremonie war ich von der Echtheit des Nadi-Readings zumindest in diesem Fall überzeugt. Ich hatte den Aufenthalt in der Palmblattbibliothek mit zahlreichen Fotos dokumentiert, hatte Tonbandmittschnitte angefertigt und war im Besitz der englischen Übersetzungen meines Palmblattes. Doch genügte das als Beweis? Ich glaubte dem Nadi-Reading des Sri Ramani. Wer würde mir glauben? Es gab nur einen Beweis – das Palmblatt selbst. Und so wagte ich das Unmögliche; bat den Nadi-Reader um mein Palmblatt; bat darum, es mitnehmen zu dürfen nach Europa. Solch einer Bitte war meines Wissens noch niemals stattgegeben wurden. Doch das Unglaubliche geschah. Sri Ramani öffnete erneut die zu Bündeln zusammengeschnürten Manuskripte und übergab mir dieses für mich unschätzbar wertvolle Palmblatt. Die Fotokopien dieses Manuskriptes wurden von führenden Spezialisten Europas für alttamilische Philologie analysiert und geprüft. Die Übersetzung gestaltete sich jedoch bei weitem langwieriger und komplizierter als ich angenommen hatte. Sie nahm mehr als zwei Jahre in Anspruch. Dennoch wurde mir im Ergebnis mitgeteilt, dass es sich bei dem Manuskript tatsächlich um meinen Lebenslauf und nicht etwa um einen beliebigen religiösen Text handelt. Ferner nahm das Kernforschungszentrum Rossendorf/Sachsen unabhängig von den Ergebnissen der Übersetzung eine Altersbestimmung des Palmblattes mittels der C-14-Methode vor. Diese Analyse ergab, dass das untersuchte Palmblatt älter als 350 Jahre ist. Mit aller gebotenen Vorsicht möchte ich dies als einen Beweis dafür werten, dass zumindest vor 350 Jahren jemand meinen Lebenslauf jedenfalls insoweit kannte, als er ihn von einem älteren Manuskript kopierte.

Trotz meines Erfolges in Madras blieb ich skeptisch. Um den Wahrheitsgehalt des Nadi-Readings zu überprüfen, suchte ich eine weitere Palmblattbibliothek in Bangalore, der Hauptstadt des indischen Bundesstaates Karnataka, auf. Für das Auffinden des Palmblattes bei der Lesung genügen hier die Angabe des Namens und des Geburtsdatums. Das Palmblatt wird nach seinem Auffinden dem Besucher durch den Palmblattleser Gunjur Sachidananda in Englisch vorgelesen. Es ist dem Klienten freigestellt, die für ihn wichtigen Punkte selbst zu notieren oder aber das Reading auf Kassette aufzuzeichnen. Die Lesung des Palmblattes untergliedert sich in mehrere Abschnitte. Nach einer Einleitung, in welcher die astrologischen Daten des Klienten unter Verwendung des hinduistischen Kalenders dargelegt werden, berichtet Gunjur Sachidananda anhand des Palmblattes zunächst von der Vergangenheit seines Klienten in diesem Leben. Stimmen die mitgeteilten Fakten mit der Realität überein, werden die charakterlichen Eigenschaften, Talente und Fähigkeiten des Klienten sowie die Aufgaben erläutert, die sich daraus ergeben, und die für die Gestaltung der Zukunft des Ratsuchenden wichtig sind. Das künftige Leben des Klienten wird in Abschnitten von jeweils 2 bis 3 Jahren bis hin zum Todestag geschildert und erläutert. Im Zusammenhang damit werden auch frühere Leben des Klienten besprochen, aus welchen bestimmte Erfahrungen und Ereignisse in die jetzige Inkarnation hineinwirken. Ein weiteres Kapitel des Nadi-Readings ist der gesundheitlichen Verfassung des Klienten sowohl in psychischer als auch in physischer Hinsicht gewidmet. Hier werden auch die Gegenmittel zur Behebung bestehender oder künftig auftretender gesundheitlicher Probleme genannt. Danach wird noch einmal gesondert die Thematik Partnerschaft und Familie mit allen positiven und auch weniger günstigen Aspekten besprochen. Zum Abschluss des Nadi-Readings erhält jeder Klient sein ganz persönliches Mantra, welches er immer dann sprechen soll, wenn er in Situationen gerät, welche die ganze Kraft der Persönlichkeit erfordern. Die Texte meiner Palmblätter in den Bibliotheken von Madras und Bangalore stimmten in ihrem Aussagen nicht nur überein, sondern korrespondierten in dem Sinn miteinander, dass die Aussagen des Nadi-Readings in Bangalore jene von Madras ergänzten und umgekehrt.

So unterschiedlich die in den einzelnen Bibliotheken praktizierten Rituale zum Auffinden der einzelnen Palmblätter auch immer sein mögen - inhaltlich sind die Lebensläufe äußerst präzise. Soweit meine nächste Zukunft betroffen war, welche nunmehr bereits Vergangenheit ist, konnte ich feststellen, dass all das, was mir das Palmblattorakel vorausgesagt hatte, auch eintraf. Es war von einer bedeutenden Veränderung in meinem Leben die Rede gewesen, einer Hinwendung zu geistigen Werten, und der Möglichkeit, meine Leidenschaft – das „magische Reisen“ – zum Beruf zu machen. All dies war mir vorausgesagt, und dennoch war ich wohl am überraschtesten von allen, als es einfach geschah, denn Voraussagen zu hören und ihnen zu glauben, das sind zwei sehr unterschiedliche Dinge. Doch gerade dies ist wohl Sinn und Zweck der Palmblattbibliotheken – nämlich bestimmten Menschen zu bestimmten Zeiten die Aufgaben zu zeigen, welche sie in ihrem Leben erfüllen sollen.

Abb. 1: Im Archiv einer Palmblattbibliothek.

Abb. 2: Auf der Suche nach dem richtigen Palmblatt.

Palmblattbibliothek in Chennai.

Begegnung mit dem Schicksal – Zu Besuch in der Palmblattbibliothek von Kuala Lumpur

So hat mich das Thema Palmblattbibliotheken denn auch nie losgelassen. Bei den Reisen und Recherchen dazu stieß ich fast 25 Jahre nach meinem ersten Besuch in einer indischen Palmblattbibliothek dann auch auf eine Schicksalsbibliothek in Malaysias Hauptstadt Kuala Lumpur. Das Haus, in dem die Bibliothek verwahrt wird, unterscheidet sich in nichts von den Nachbargebäuden in dem „Little India“ genannten Viertel, das vor allem Arbeiter, Angestellte und Händler bewohnen. Kein Hinweisschild, keine Werbung, nichts, das dem neugierigen Fremden den Weg weisen könnte, macht auf diesen besonderen Platz aufmerksam.

Doch eine kurze Frage bei den Nachbarn klärte die Situatiuon. Hier würde ich tatsächlich die „Nadi Agasthya Jythida Nylayam“, die Palmblattbibliothek des Rishis Agasthya finden. Zunächst ging es mit dem Lift 4 Etagen hinauf. Und dann stand ich tatsächlich in den Räumlichkeiten der Bibliothek. Indische Götterbilder hingen an den Wänden, der aromatische Duft von Räucherstäbchen zog durch die Räume.

Nach kurzer Wartezeit erschien der Palmblattleser und bat mich um einige persönlichen Informationen. Um das Palmblatt eines Klienten aufzufinden, benötigten die Nadi-Reader hier zunächst den kompletten Namen, das Geburtsdatum und den Abdruck des Daumens. Dabei wurde der Daumenabdruck je nach Geschlecht des betreffenden Klienten unterschiedlich abgenommen. Die Herren gaben den Abdruck des rechten Daumens, die Damen den des linken Daumens ab. Dies verwunderte mich nun doch ein wenig, gilt doch in Asien allgemein die linke Hand allgemein als „unrein“, da sie für alle Tätigkeiten unterhalb der Gürtellinie benutzt wird, und in den ärmeren Bevölkerungsschichten auch heute noch das Toilettenpapier ersetzt. Doch für das Orakel schienen die Fragen der rituellen Reinlichkeit nur eine untergeordnete Bedeutung zu haben. Sri Devadendran, der Palmblattleser, erklärte mir, dass diese Art der Personalienaufnahme aller Ratsuchenden einst durch den Rishi Sri Agasthya persönlich angeordnet worden sei. Nach dieser Auskunft machte er sich auf, um im Archiv nach meinen Palmblättern suchen. Sobald sie gefunden waren, würde das eigentliche Nadi-Reading beginnen.

Sri Devadendran erläuterte, dass er aus all jenen Palmblattmanuskripten, die eine bestimmte Affinität zu den vorhandenen Angaben – also dem Daumenabdruck, meinem Namen, dem Geburtsdatum und der astrologischen Konstellation, unter der ich diese Palmblattbibliothek aufgesucht hatte – die jeweils bedeutendsten, die Vergangenheit betreffenden Aussagen vorlesen würde. Konnte ich diese Aussagen bestätigen, wurde mit der Lesung fortgefahren. Trafen die Aussagen nicht zu, wurde das Palmblatt verworfen und ein neues Manuskript gelesen. Letztlich ging es darum, meinen Namen und das Geburtsdatum sowie die Namen und ihrer Eltern zu verifizieren. Stimmten diese mit den Informationen des Palmblattes überein, war das zutreffende Manuskript aufgefunden. So ergab sich eine Art von Frage-und-Antwort-Spiel, bei dem sich der Leser durch Rückfragen vergewisserte, ob die auf den Palmblättern angegebenen Daten – die sich sämtlich auf die Vergangenheit und die momentanen Lebensumstände bezogen – mit der Realität übereinstimmten. Nachdem Sri Devadendran bereits einige Blätter verwerfen musste, da deren Aussagen nicht zutrafen, war es soweit.

„Sie sind bei ihrer Mutter aufgewachsen, die nicht verheiratet ist. Der Name Ihrer Mutter ist Ursula.“

Das stimmte.

„Zum Zeitpunkt dieser Lesung weilen sowohl ihr Vater als auch ihre Mutter nicht mehr unter den Lebenden. Ihre Mutter verstarb im Februar 2017.“

Genau so war es.

„Der Name Ihres Vaters war Gottfried. Ihr Vater ist im Monat November des Jahres 1994 verstorben.“

„Das trifft zu.“

„Sie haben studiert, und beschäftigten sich dabei mit Gesetzen, mit dem geschriebenen Recht ihres Landes. Dieses Studium haben sie nicht abgeschlossen."

„Ja."

„Derzeit führen Sie Ihr eigenes Geschäft. Sie veranstalten Reisen und schreiben Bücher."

Auch dies traf zu.

„Ihr erster Name ist Thomas."

Ich konnte nur nicken.

„Dann habe ich mich nicht getäuscht." sagte der Palmblattleser. „Dies hier ist Ihr Palmblatt. Anhand dieses Palmblattes, das ich ihre Visitenkarte nennen will, ist es nun möglich, alle Informationen, die Ihr Leben betreffen, in unserem Archiv aufzufinden." ließ mich der Nadi-Reader wissen. „Dort existiert für Sie ein Palmblattmanuskript, das aus 12 allgemeinen Kapiteln besteht, die Khandams genannt werden. Diese Khandams beschreiben die einzelnen Lebensbereiche eines Individuums. Außerdem gibt es vier weitere, spezielle Khandams, die sich mit besonderen Fragen befassen. Diese Palmblattmanuskripte aber bekommt kein Klient, sei er nun Hindu oder nicht, zu sehen. Sie sind nur den Nadi-Readern zugänglich. Heute wird für Sie das erste Kapitel des Palmblattes geöffnet. Es enthält allgemeine und weit gefasste Informationen über ihr gesamtes Dasein in dieser Inkarnation sowie über das ihrer Familie bis hin zu dem Tag, an dem sie ihren irdischen Körper verlassen wird. Ich schreibe den Text des ersten Khandams dann in ein speziell für diesen Zweck bestimmtes Heft nieder. Anschließend lese ich den Text nochmals laut vor. Diese Lesung in Englisch wird dann aufgenommen."

Und so geschah es. Auf sechs engzeilig beschriebenen Seiten des Heftes fand sich die englische Wiedergabe des ersten Kapitels aus meinem Palmblattmanuskript.

Unter anderem hieß es hier:

Sri Agasthya Maharshi sagt in diesem Palmblatt, dass du auf diese Welt zurückgekehrt bist, obwohl sich der Zyklus deiner Leben bereits vollendet hatte. Du kamst, um anderen Menschen bei ihrer Entwicklung zu helfen.

Deine besondere Stärke ist die Kommunikation mit anderen Menschen – du schreibst, du reist und du berätst andere Menschen. Dies ist deine Aufgabe in diesem Leben.

Du wirst für andere da sein, die auf der Suche nach ihrem Weg sind und wirst ihnen helfen, diesen eigenen Weg zu finden. Du organisierst Reisen und Seminare. Damit verdienst du auch deinen Lebensunterhalt.

Auch wirst du mit den Ideen, die du in deinen Büchern verbreitest, nicht nur Freunde gewinnen, sondern auch Gegner. Dies werden jene sein, die sich den Wandlungen des Lebens entgegenstellen, weil sie verkennen, dass das Bild, welches sie sich von der Welt machten, nicht die Wahrheit ist. Für sie bedeutet die materielle Welt des Kali Yuga Macht und in der Macht sehen sie den Sinn ihres Lebens. Aber du bist gekommen, um Veränderung zu bringen und den Menschen zu helfen, sich aus den Fesseln der Materie zu befreien.

Du wirst in den kommenden Jahren noch mehr dem Schreiben zuwenden als bislang. Viele wichtige Anregungen und Inspirationen wirst du aus den vedischen Texten und den Epen Indiens beziehen. Du wirst deine Kenntnisse und dein Wissen in Seminaren, Vorträgen und Büchern weitergeben.

Doch du wirst auch sehr viel reisen in den nächsten Jahren, um deine Kenntnisse von der Welt und den alten Wissenschaften zu erweitern. Auf deiner Suche wird es dir gelingen, zunächst auf spirituellem Wege, doch in späterer Zeit auch körperlich, die Tore zu anderen Welten zu durchschreiten und an dem Wissen der Wesen dieser Welten teilzuhaben.

Du wirst jedoch auch auf Reisen gehen, um anderen Menschen die Möglichkeit zu geben, jene Erfahrungen zu machen, die du selbst gemacht hast. Du wirst für andere Reisen organisieren und sie auf diesen Reisen begleiten.

Weitergehende Ausführungen zu einzelnen Lebensbereichen sind den folgenden Kapiteln des Manuskriptes vorbehalten. Insgesamt sind in der Bibliothek von Kuala Lumpur mehrere – um genau zu sein, insgesamt bis zu 16 – Nadi-Readings – möglich, wenn man den Inhalt aller Kapitel einschließlich der speziellen Khandams erfahren will. Nach der ersten Palmblattlesung können die folgenden Kapitel jedoch zumeist erst in einem zeitlichen Abstand erfragt werden, der zwischen mehreren Tagen und einigen Monaten schwankt. Nach Ablauf dieser Frist ist es dann möglich, den Inhalt des nächsten Khandams zu erfahren. Diese Kapitel befassen sich detailliert mit einzelnen Lebensbereichen - so wird im zweiten Khandam über die Ausbildung, berufliche Karriere und das persönliche Vermögen des Klienten berichtet, während sich das fünfte Kapitel ausschließlich mit dem Schicksal der Kinder des Ratsuchenden auseinandersetzt oder aufzeigt, aus welchen Gründen es dem Klienten nicht möglich ist, in diesem Leben Kinder zu bekommen. In diesem Zusammenhang werden auch Möglichkeiten zur Erfüllung eines bestehenden Kinderwunsches aufgezeigt, von medizinischer Hilfe bis hin zur Adoption. Im siebenten Khandam werden Informationen zu Liebe, Beziehungen und Partnerschaft gegeben sowie das Geburtshoroskop des idealen Partners in diesem Leben benannt.

Die Aussagen können so präzise sein, dass sie sogar den genauen Ort und den Zeitpunkt der ersten Begegnung mit dem Lebenspartner bezeichnen. Das achte Kapitel enthält Angaben zu gesundheitlichen und anderen Risiken der persönlichen Existenz und den Möglichkeiten ihrer Verhütung. Außerdem werden in diesem Kapitel der genaue Zeitpunkt, die Umstände und der Ort des eigenen Todes benannt. Das neunte und das elfte Kapitel hingegen widmen sich ausschließlich spirituellen Fragen, so etwa dem Sinn der Existenz in diesem Dasein und den zu erfüllenden geistigen Aufgaben. In diesem Zusammenhang werden auch Aussagen über die Möglichkeiten der persönlichen spirituellen Entwicklung durch das Studium bei einem auserwählten Meister oder die Zugehörigkeit zu einer bestimmten Religionsgemeinschaft erörtert. Ebenso stehen Reisen zu heiligen Orten sowie Anleitungen zu bestimmten yogischen oder tantrischen Übungen im Mittelpunkt des neunten Kapitels. Das zwölfte Khamdam gibt darüber hinaus Hinweise auf den Zeitpunkt und den Ort der nächsten Inkarnation oder die Möglichkeit, nach Vollendung des gegenwärtigen Lebens Moksha, also Erlösung vom Kreislauf der irdischen Wiedergeburten, zu erlangen.

Die Basis einer solchen Palmblattlesung, des „Nadi-Readings“ ist die Lehre vom Shuka-Nadi. Dabei steht „Shuka“ für göttliche Weisheit und „Nadi“ für einen bestimmten Augenblick der Zeit. Diese Lehre beruht auf der Wahrnehmung von Vergangenheit und Zukunft jenseits unseres herkömmlichen Raum-Zeit-Begriffes. Darauf aufbauend, soll das Shuka-Nadi eine lebensberatende Funktion ausfüllen.

Die Kunst des Nadi-Reading ist bereits seit Jahrtausenden fest in der Hindu-Religion integriert. Als Zentrum des Shuka-Nadi galt ursprünglich die alte Stadt Trichy in Südindien. Dort soll der Rishi Agasthya, welcher auch als Begründer der tamilischen Sprache gilt, mittels einer eigens dafür geschaffenen Schrift die Urtexte jener Palmblätter angefertigt haben, deren Kopien noch heute für die Ratsuchenden bereitliegen. Im Lauf der Jahrhunderte verlagerte sich das Zentrum des Shuka-Nadi von Trichy nach Tanjavur, da sich dieser Ort mehr und mehr zum spirituellen Zentrum der Region entwickelte. Das Erbe der Zukunftsdeuter von Thanjavur wird heute in der kleinen Stadt Vaithisvarankoil verwaltet. Sie ist ebenfalls berühmt für ihren uralten Mars Tempel.

Nach der Lehre des Shuka Nadi existieren neben unserer dreidimensionalen Welt noch weitere, sehr komplexe Ebenen oder Dimensionen. Diese sind transzendent und mit unserer Wirklichkeitsebene auf eine bestimmte Weise miteinander verschachtelt. Normalerweise beeinflussen sich diese Ebenen nicht gegenseitig, daher können sie auch nicht wahrgenommen werden. Nur bei Veränderungen oder der Störung des Gleichgewichts dieser Sphären werden sie auch von weniger sensitiven Menschen bemerkt. Vorahnungen oder auch das kurzfristige Versetzen in andere Zeitebenen sind die Auswirkungen dieser Phänomene. Nach dieser Auffassung sind nicht nur individuelle Schicksale in der Akasha-Chronik gespeichert, sondern alle Ereignisse der Menschheitsgeschichte. Es heißt, dass sich jeder Mensch und jedes Geschehen in der Akasha-Chronik wiederfindet. Die Akasha-Chronik enthält mithin also alles, was in diesem Universum war, was ist und was jemals sein wird. Für jemanden, der es gewohnt ist, in den westlichen Maßstäben des Verständnisses von Raum und Zeit zu denken, wird diese Aussage sicher nur sehr schwer nachvollziehbar sein. Sie basiert auf einem völlig anderen Zeitbegriff – nicht auf der linearen Abfolge von Ereignissen, welche das Abendland als Geschichte begreift, sondern auf einer Art von Zeitlosigkeit, die sich als Gleichzeitigkeit aller Ereignisse und Prozesse im Universum manifestiert. Die „Zeit“, so wie wir sie begreifen und „messen“, ist demnach nichts anderes als ein von unserem Gehirn kreiertes Ordnungssystem, mit dem es uns erst möglich wird, sich in Raum und Zeit – also dem gleichzeitigen Ablauf aller Ereignisse – zu orientieren.

Im Folgenden soll ein recht einfacher, bildhafter Vergleich benutzt werden, der sich an unserem westlichen Zeitverständnis orientiert, um zu erklären, wie es den Rishis gelang, die Schicksale bestimmter Personen aus der Akasha-Chronik zu lesen. Stellen wir uns also die Zeit als einen gigantischen Strom vor, der sich aus der Vergangenheit von einer imaginären Quelle – der Einfachheit halber wollen wir sie mit dem Urknall, dem Beginn unseres Universums gleichsetzen - über die sich ständig im Fluss befindliche „Gegenwart“ in die Zukunft bewegt, bis hin zu jenem fernen Punkt, an dem das Universum einmal aufhören wird zu existieren, dem Savarjana Beeja (das Ende aller Form) der indischen Kosmologie. Stellen wir uns dieses „Ende aller Form“ deshalb als einen gigantischen Ozean vor, in den der Strom der Zeit mündet. Wir schwimmen wie alle anderen Wesen auch für einen bestimmten Abschnitt in diesem Strom der Zeit – tauchen an einer Stelle auf, um nach dem Ablauf unserer Lebensspanne wieder darin zu versinken. Dabei ist es für diese Erklärung erst einmal nicht notwendig, weiter zu diskutieren, ob wir nun nur einmal in diesem Strom auftauchen, wie es das westliche Verständnis von Geburt und Tod aussagt oder ob wir, gemäß der östlichen Lehre der Wiedergeburt, viele tausend Male in verschiedenen Abschnitten dieses Flusses der Zeit schwimmen. Als Schwimmer in diesem Zeitstrom ist unser Blickfeld natürlich stark eingeschränkt, so dass wir immer nur einen sehr geringen Teil der Strecke wahrnehmen, die vor uns liegt. Dies mögen im Einzelfall jeweils wenige Stunden, Tage oder allenfalls Wochen sein. Nur für diesen kurzen Abschnitt ist es uns möglich, unser Leben wirklich zu überschauen und entsprechend zu agieren, statt nur zu reagieren. Weiter reicht unser Blick nun einmal nicht in die Zukunft. Es hat jedoch in allen Epochen der Geschichte Menschen gegeben, denen es möglich war, diese engen Begrenzungen zu überwinden.

Stellen wir uns vor, dies seien jene Schwimmer im Strom der Zeit, denen es gelungen ist, den Fluss zu verlassen und an dessen Ufern zu wandeln. Wenn sie flussabwärts entlang des Stromes gingen, mochte es sein, dass sie ein wenig schneller waren als die Strömung der Zeit, in der alle anderen dahintrieben. So war es diesen einsamen Wanderern am Rande der Zeit möglich, eher als alle anderen die Untiefen (Verflachung des geistigen Lebens, Versinken in der Welt der Materie), die Stromschnellen (Kriege und Naturkatastrophen) und auch die toten Seitenarme (gescheiterte persönliche oder gesellschaftliche Entwicklungen) im Strom der Zeit zu erkennen. Die Menschen, denen das gelang, waren zu allen Zeiten als Wahrsager oder Propheten bekannt. Michael de Notre Dame, genannt Nostradamus, und der Amerikaner Edgar Cayce gehörten zu ihnen. Anderen Wesenheiten jedoch gelang es, sich über dem Strom der Zeit emporzuschwingen und aus der Höhe mit scharfem Blick zu überschauen, was in dem mächtigen Fluss der Zeit vor sich ging. Und irgendwann befanden sich diese Wesen so hoch über dem Strom der Zeit, dass sie ihn von seiner Quelle (der Entstehung des Universums) bis zu seiner Mündung (dem Ende aller Form) überschauen konnten. Aus dieser Position heraus brauchten sie nur noch die Ereignisse zu beschreiben, welche sich ihnen darboten, und die sie einer Aufzeichnung wert befanden. Aus einer solchen – natürlich rein geistig zu verstehenden – Position heraus mögen die Rishis einstmals all jene Informationen bezogen haben, die sie dann in den Texten der Palmblattmanuskripte niederlegten. Diese Schilderung stellt nur ein bildhaftes Beispiel dar, doch hoffe ich, dass sie zu verdeutlichen hilft, welch brisante Informationen die Palmblattbibliotheken bergen. Es ist nicht mehr und nicht weniger als unser aller Fahrplan in die Zukunft, den die Rishis für uns aufgezeichnet haben.

Die Akasha-Chronik, welche in ihrer Eigenschaft als Weltgedächtnis den eigentlichen Grund für jegliche Zukunftsdeutung liefert, hat allerdings nicht ausschließlich beschreibenden Charakter. Sie gleicht vielmehr einer Art von virtuellem Speicher, der ständig Dinge und Ereignisse aufnimmt, die initialisiert oder verändert werden. Daher schreibt die Akasha-Chronik den Verlauf von Ereignissen nicht unausweichlich vor. Es ist vielmehr so, dass jeder Mensch durch die Kraft seiner Gedanken im Stande ist, aktiv an diesem Prozess teilzunehmen. Durch unsere Emotionen, unsere Gedanken, Worte und Taten setzen wir Ursachen, deren Auswirkungen wir später erleben. Die Hindus nennen dies Karma. Die Zukunftsdeutung ist in diesem Sinne ebenso wie die Akasha-Chronik lediglich Hilfsmittel zur Klärung von Ursachen, die in der Vergangenheit liegen und sich in der Gegenwart auswirken oder sich erst noch möglicherweise in der Zukunft auswirken werden. Die eigene Zukunft mittels einer Palmblattlesung zu kennen, bedeutet eben gleichzeitig auch, diese Zukunft beeinflussen zu können.

Abb. 4: Palmblattmanuskript in der Bibliothek von Kuala Lumpur.

Abb. 5: Hausaltar des Palmblattlesers in Kuala Lumpur.

Unser Schicksal steht geschrieben – Karma und Wiedergeburt

In der hinduistischen Wissenschaft hängt das Verständnis der äußeren Wirklichkeit untrennbar mit dem Verständnis des Göttlichen zusammen. Dieser Tradition zufolge ist das All älter selbst als die Götter. Wichtig an dieser hinduistischen Weltsicht und insbesondere an ihrer Auffassung von Raum und Zeit ist die Annahme, dass die Außenwelt nur ein Produkt des kreativen Spiels des Maja ist. Dieser Begriff lässt sich am ehesten mit „Illusion“ übersetzen. Dabei ist die Welt an sich keine Illusion, wohl aber unsere Wahrnehmung. Scheinbar besteht die Welt aus den verschiedensten Dingen. Strukturen und Ereignissen, die in Wirklichkeit jedoch alle eins sind. Die Unterteilung, welche unsere Wahrnehmung suggeriert, ist nur eine Erfindung des Gehirns- Sie existiert nicht wirklich. Die Welt, wie wir sie erleben, ist daher auch alles andere als fest und real, sondern in Wirklichkeit nur Schein. Das All hat viele Wirklichkeitsebenen, und ist in ständiger Veränderung begriffen. Dabei spielt das Wesen der Zeit eine besondere Rolle. Die Zeit wird von den Hindus als ewiges Rad angesehen, das sich durch die Zyklen – Kalpa genannt – aus Schöpfung (Sarga) und Zerstörung (Pralaja) bewegt. Zusammen mit der Illusion des Maja kettet die Zeit die Seele an das sterbliche Leben in Unwissenheit und Leid im ewigen Kreislauf der Wiedergeburten (Samsara).

Als Moksha wird die Erlösung vom Rad der Zeit und von dem Kreislauf des Samsara bezeichnet. Das Ziel aller religiösen Strömungen Indiens ist es daher, die Zeit zu transzendieren, sie letztlich zu überwinden. Fortgeschrittene Asketen bezeichnen die Inder daher oft als Kala-Atrita, was „die Zeit Überwindender“ bedeutet. Eine gewisse Entsprechung dieser Weltsicht findet sich in den Lehren der Katharer (vom griechischen katharoi – die Reinen), einer mittelalterlichen Glaubensgemeinschaft, die in Südfrankreich zu Hause war, und von der katholischen Kirche als ketzerisch verfolgt und in einem grausamen Vernichtungsfeldzug in den Jahren 1209 bis 1244 ausgerottet wurde. Auch für die Katharer befand sich die wahre Heimat der Menschen in einem „Reich des reinen Geistes jenseits der Sterne“. Hier auf der Erde fühlten sie sich „wie in einem Gefängnis, das ein ungeschickter Baumeister aus minderwertigem Material gefertigt hat“. Der Tod war für sie wie das Ablegen eines alten Kleides, dessen man sich entledigt, wie der Schmetterling die Larvenhülle abstößt, um im Frühling aufzugehen. Auch den Katharern war die Idee der Wiedergeburt vertraut. Jene Seelen, die sich in der Welt der Materie heimisch fühlen, dürfen hienieden bleiben, solange sie wollen, wandernd von einem Körper zum anderen, bis auch sie Sehnsucht nach dem Lichtreich verspüren. Wie die indischen Weisen in alter Zeit und auch die Katharer im Abendland bereits wussten, ist es früher oder später die Aufgabe eines jeden menschlichen Wesens, Befreiung – Moksha – aus den Fesseln von Raum und Zeit zu suchen. Moksha aber, so lehren bereits die Upanishaden, kann nur dann erlangt werden, wenn das Karma der Erdenleben abgetragen ist.

Wie ist dieser Begriff nun am besten zu definieren? Karma kann als die reale, treibende Kraft der Wiedergeburt betrachtet werden. Hier im Westen wird Karma oft als „Schicksal“, „Schuld“ oder „Vorherbestimmung“ angesehen, und damit gründlich missverstanden. Man sollte es viel eher als das unfehlbare Gesetz von Ursache und Wirkung im gesamten Universum bezeichnen. Jede Wirkung hat eine Ursache, jede Ursache zieht eine Wirkung nach sich. Der Begriff Karma ist ein Sanskritwort und bedeutet „Handlung“ oder wörtlich übersetzt „das, was bewirkt ist und bewirkt“. Es ist also ein „Wirken“ oder eine „Tat“, und es zeigt sowohl die Kraft, die in den Handlungen verborgen liegt, als auch die Ergebnisse, die aus diesen Handlungen resultieren. Deshalb darf eine Handlung nie isoliert von höheren Zusammenhängen betrachtet werden. Es sind viele Arten von Karma zu unterscheiden, so beispielsweise universelles Karma, nationales Karma und natürlich das individuelle Karma. Alle Arten des Karmas sind auf komplexe Weise miteinander verbunden, gleichsam verwoben und ineinander verzweigt. Einfach gesagt, bedeutet „Karma“, dass alles, was wir tun (unsere Handlungen, unsere Worte und Gedanken) entsprechende Ergebnisse hervorbringt. Über kurz oder lang, nämlich immer dann, wenn sich die passenden Umstände ergeben, holen uns die Ergebnisse unserer Handlungen ein. Meist haben wir diese dann aber schon lange vergessen. So kann es durchaus sein, dass sich die Auswirkungen einmal gesetzter Ursachen erst in einem späteren Leben manifestieren. Nicht immer können wir die jeweilige Ursache ausmachen, weil jeder Vorgang eine komplizierte Mischung verschiedener karmischer Verzweigungen ist. Meist nimmt der Betroffene dann an, dass bestimmte Ereignisse „zufällig" geschehen. Wenn sie gut ablaufen, dann haben wir eben „Glück gehabt". Dies ist nichts weiter als ein über Jahrhunderte hinweg im Abendland kultivierter fataler Irrtum, denn nichts in dieser Welt existiert ohne eine Ursache und ohne sein Gegenteil. Die Gegensätze sind es aber, die einander ergänzen. Karma ist also nicht ein fatalistisches sich Fügen in ein vorbestimmtes Schicksal. Karma begründet unsere Fähigkeiten und Talente. Es gibt uns die Möglichkeit, uns zu verändern und damit auch die Welt in der wir leben, besser gesagt, unsere Wahrnehmung der wirklichen Welt zu verändern und zu schärfen.

Was immer uns jetzt widerfährt, es spiegelt unser vergangenes Karma wieder. Unter einem solchen Blickwinkel erscheinen dann Leiden und Schwierigkeiten nicht länger mehr als persönliches Versagen oder als unabwendbare Katastrophe, und vor allem erscheinen sie nicht als eine Art von Strafe. Dies führt dazu, dass man nicht mehr in Schuldgefühlen und Selbsthass schwelgen muss, sondern sich und sein Leben so akzeptieren kann, wie es sich darbietet. So eine Haltung sollte aber nicht dazu führen, dass man sich aus der Verantwortung für sein Leben stiehlt, denn eine solche Verantwortung entsteht nun einmal aus diesem Verständnis von Karma. In der Tat ist es verführerisch, die Lehre vom Karma als Flucht vor eigener Verantwortung zu nutzen. So erlebte ich in Indien, dass manche Zeitgenossen das Karma als Ausrede dafür benutzten, um beispielsweise nach einem Verkehrsunfall niemandem hilfreich beistehen zu müssen. Es sei ja das „Karma" der in den Unfall Verwickelten, dieses Leid zu erfahren. Im „aufgeklärten"

Westen hingegen durfte ich des Öfteren eine andere Variante derselben Ausrede kennenlernen, die besonders sensibel und vorsichtig daherkam. Derjenige behauptete, jemandem zu helfen, bedeute, sich in einen Entwicklungsprozess einzumischen, den aber der Betroffene selbst durchleben und klären müsse.

Doch schon Albert Einstein wusste:

„Der Mensch ist ein Teil des Ganzen, das wir Universum nennen, ein in Raum und Zeit begrenzter Teil. Er erfährt sich selbst, seine Gedanken und Gefühle als abgetrennt von allen anderen - eine Art optische Täuschung des Bewusstseins. Diese Täuschung ist für uns eine Art Gefängnis, das uns auf unsere eigenen Vorlieben und auf die Zuneigung zu wenigen uns Nahestehenden beschränkt. Unser Ziel muss es sein, uns aus diesem Gefängnis zu befreien, indem wir den Horizont unseres Mitgefühls erweitern, bis er alle lebenden Wesen und die gesamte Natur in all ihrer Schönheit umfasst." (Ideas and Opinions, Übers. v. Sonja Bargmann, New York, 1954)

Das Gesetz des Karmas fordert vom Einzelnen die Übernahme der vollen Verantwortung für sein Schicksal, für all seine Gedanken, Gefühle, Worte und Taten. Dies ist ein Schritt, den viele Zeitgenossen nicht bereit sind zu gehen. Die meisten schreckt vordergründig die karmische Gesetzmäßigkeit von Ursache und Wirkung, die vor allem unserer westlichen Zivilisation widerstrebt, da wir mit einem Mal nicht mehr selbst Herr unseres so gepriesenen „freien Willens" sein sollen. Eine Regel der Karmalehre besagt, dass etwa fünfundsiebzig Prozent von allen Ereignissen in diesem Leben durch karmische Entwicklungen zumindest in großen Zügen vorherbestimmt sind. Um es bildlich auszudrücken – jeder Mensch steuert ein Schicksalsschiff über die Weltmeere des Lebens. Durch das Karma sind ihm bestimmte Voraussetzungen – also Talente oder Lebensumstände – mitgegeben und diese sollte er nutzen, um den Zielhafen zu erreichen. Dieser Zielhafen in hinduistischer Tradition ist es, das Maja der Wahrnehmung zu erkennen und die Grenzen von Raum und Zeit zu transzendieren, um letztlich zur göttlichen Urquelle des Seines zurückzukehren. Mit dem freien

Willen kann jeder entweder seine Voraussetzungen nutzen, um auf der bestmöglichen Route diesen Hafen erreichen oder die Gaben ungenutzt lassen und mit seinem Schiff auf einer der zahlreichen Untiefen stranden, die das Leben nun einmal bereithält.

Fünfundzwanzig Prozent freier Wille sind wohl für die im Verlauf des Lebens zu treffenden wirklich wichtigen Entscheidungen vollkommen ausreichend, obwohl es manchmal so aussieht, dass für manche sogar diese von der Karmalehre zugestandenen fünfundzwanzig Prozent zuviel sind. Die Ablehnung der Lehren von Karma und Reinkarnation machten sich die drei großen Religionen der Alten Welt im Lauf der Jahrhunderte zu Eigen. Dadurch wurde der Einzelne immer mehr von seiner Eigenverantwortung freigesprochen, und die Schuld an widrigen Lebensumständen dem Staat, der Gesellschaft, diversen Krankheitserregern, auch der Umweltzerstörung oder einfach dem „Zufall" zugeschrieben. Das ist nichts anderes als Selbstbetrug. Doch Karma ist auch ein Gesetz des Ausgleichs, das heißt, ein Mensch wird so lange mit demselben Problemtypus konfrontiert, bis er durch sein Handeln das Problem gelöst hat. Ob allerdings mit den vorstehend beschriebenen Verdrängungsmechanismen eine Lösung der Probleme unserer Zeit gefunden werden kann, wage ich zu bezweifeln. Theoretisch funktioniert das Karma-„Denkmodell" zwar in vielen Köpfen, doch die praktische Umsetzung fällt sehr schwer. Denn der erste Schritt dazu ist die Ehrlichkeit zu sich selbst und damit verbunden die Übernahme der Verantwortung für alle Handlungen. Dabei stehen Verantwortung und Sinnhaftigkeit eng beisammen. Sie bedingen sich gegenseitig. In unserer Zeit leiden viele Menschen an dem Verlust der Sinnhaftigkeit des Lebens, da sie nicht bereit sind, Verantwortung für ihr Leben zu übernehmen. Wenn hier nun ständig von den Wirkungen die Rede ist, für die wir Ursache in vergangenen Leben gefunden haben, warum „erinnern" wir uns dann nicht an unsere vorherigen Leben? Der Mensch vergisst nichts von dem, was wesentlich für ihn ist. Er vergisst nur die konkreten Rahmenbedingungen, die nicht mehr wichtig für ihn sind. Das gilt vor allem für bestimmte Fähigkeiten und Fertigkeiten. Die Fähigkeiten aus früheren Inkarnationen werden als

Begabungen in dieses Leben eingebracht, allerdings nur, wenn sie für die jetzige Aufgabenstellung notwendig sind. Unnötige Fertigkeiten würden in dem Falle nur ablenkend wirken.

Rudolf Steiner schrieb dazu:

„Wir werden nicht nur wiedergeboren, um etwas zu tun, was wir schon können, sondern um etwas zu tun, was wir eigentlich können wollen" – also eben noch nicht können.

So ist der Weg eines jeden Individuums durch zahllose Erdenleben bis zur Befreiung von Samsara – dem Rad der Wiedergeburten – mit einem ständigen Lernprozess vergleichbar, in dem alle Variationen der Existenz in dieser materiellen Welt durchlebt werden, solange bis es hier nichts Neues mehr zu versuchen gibt, und den Menschen Sehnsucht nach seiner wahren Heimat überkommt – jenem „Reich des reinen Geistes jenseits der Sterne".

Abb. 6: Die Rishis schufen die Palmblattbibliotheken.

Die Rishis – Weise aus einem anderen Weltzeitalter

Was wurde aus den Rishis, den großen weisen Alten der Vorzeit? Ich habe vielen Legenden und vagen Berichten nachgespürt. Immer wieder stieß ich dabei auf den rätselhaften Begriff Shambhala. Da dies ein tibetischer Ausdruck ist, tut man am besten daran, die Tibeter selbst nach seiner Bedeutung zu fragen. Der gegenwärtige Vierzehnte Dalai Lama gab bereits im Jahr 1981 dazu die folgende Erklärung an seine damaligen Schüler, die sich der Einweihung in das Kalachakra Tantra unterzogen:

Das Kalachakra Tantra ist stets eng verbunden gewesen mit dem Lande Shambhala - seinen sechsundneunzig Distrikten, seinen Königen und deren Gefolge. Doch wenn du eine Landkarte ausbreitest und Shambhala suchst, so ist es nicht zu finden. Vielmehr scheint es ein reines Land zu sein, das man nicht einfach sehen und besuchen kann, mit Ausnahme derjenigen, deren Karma und Verdienste gereift sind. Wie es auch der Fall ist bei dem Fröhlichen Reinen Land, dem Himmelsterritorium, dem Glückseligen Reinen Land oder dem Berg Da-La. Sogar wenn Shambhala ein reales Land ist - ein wirkliches reines Land – können normale Menschen sich ihm nicht unmittelbar nähern. Es wird vielleicht möglich werden, wenn man in Zukunft die Raumschiffe bis zu dem Punkt verbessern kann, dass sie schneller als das Licht werden. In der Tat, bis dahin aber muss man reich an Verdiensten sein, um dort hin zu kommen.

Khamtul Jhamyang Thondup, ein Sekretär des Dalai Lama, vervollständigte diese Beschreibung weiter.

„Die Erscheinung Shambhalas hängt vom Geisteszustand des Einzelnen ab," sagte er. „Darum ist es schwierig, sie zu bestimmen."

Die Lehren des Klachakra Tantra sagen jedoch aus, dass Shambhala aus den Atomen der fünf Elemente geschaffen worden ist, projiziert in das Zentrum des unbedingt leeren Raumes. Da das Erscheinungsbild dieses Ortes also vom eigenen geistigen Status abhängig ist, kann das, was von Shambhala gesagt wurde, ebenso für Berlin, London oder New York behauptet werden. Jeder nimmt eine solche Stadt wahr, wie es die eigene Stimmung – lediglich eine andere Bezeichnung für „Zustand“ – erlaubt, sie wahrzunehmen. Für einige ist es die Hölle, für andere der Himmel oder zumindest ein Fegefeuer. Durch dieses Beispiel manifestiert sich ein weiteres Mal die Macht des Maya, der Illusion, die alles auf dieser Welt beherrscht. Es gibt keine scharfe Trennung zwischen materiell und immateriell, zwischen der Welt des Stoffes und der Welt des Geistes. Was ist denn eine Stadt anders als das Ergebnis der Gedanken von Millionen von Menschen in Hunderten oder gar Tausenden von Jahren? Die Stadt verwirklicht die Züge der kreativen Ideen dieser Menschen – seien sie nun schön oder hässlich, edel oder schändlich. Daher ist es durchaus gerechtfertigt zu sagen, dass Shambhala genauso real ist für diejenigen, die es wahrnehmen können, wie Berlin es ist für alle, die diese Stadt besuchen. Wenn in unserer Zeit Shambhala sich nun auch über den Grenzen der materiellen Wahrnehmung befindet, so scheint dies nicht immer so gewesen zu sein. Die Lehre des bereits erwähnten Kalachakra Tantra wird traditionell auf Siddharta Gautama, den historischen Buddha, zurückgeführt, der es ausführlich erläutert hat auf Anordnung von Suchandra, dem König von Shambhala. Nachfolgende Herrscher hielten die Tradition des Kalachakra Tantra lebendig, so dass sie im zehnten Jahrhundert v. u. Z. nach Indien gebracht werden konnte.

Den Bewohnern von Shambhala werden neben einem hohen moralischen und gesellschaftlichen Entwicklungsniveau sowie einer damit verbundenen, auch für unsere Begriffe hochentwickelten Technik vor allem außergewöhnliche spirituelle Kräfte nachgerühmt. Es sind all jene Gaben, über die auch die Rishis verfügen. So ist es den Bewohnern von Shambhala möglich, mittels Levitation die Schwerkraft zu überwinden, sich telepatisch über weite Strecken zu verständigen und an mehreren Orten gleichzeitig zu weilen (Bilokation). Auch sogenannte Geist- oder Astralreisen sind diesen Wesen ohne weiteres möglich. Vor allem in den Palmblattbibliotheken Indiens, aber auch unter der Bevölkerung von Ladakh und im Punjab wird die Überlieferung bewahrt, dass die Rishis sich zu Beginn unseres „Eisernen“ Weltzeitalters, des Kali-Yuga nach Shambhala zurückzogen, als die von ihnen geschaffene Kultur mit einem Großteil des gesammelten Wissens beim Untergang der Dritten Welt vernichtet wurde. Von diesem sicheren Refugium aus sollen sie weiter über die Entwicklung der Menschen wachen, bis es auch diesen möglich geworden ist, in höhere, geistige Sphären zu gelangen.

Zu allen Zeiten aber hat es Menschen gegeben, denen es vergönnt gewesen ist, in dieses verborgene Reich der Rishis oder Mahathmas – der „Großen Seelen“, wie diese Wesen in unserer Zeit insbesondere in der theosophischen Literatur genannt werden – vorzudringen. Zu den bekanntesten Forschern, denen dieser Schritt offensichtlich gelang, gehört die Familie Roerich. Nicholas Roerich, ein begnadeter Maler, Philosoph und unermüdlicher Arbeiter für einen wahrhaft weltumspannenden Frieden, seine Frau Helena - Medium für den Rishi oder Meister Morya sowie ihr gemeinsamer Sohn George, der später Professor an der renommierten Yale-Universität wurde, unternahmen in den Jahren 1925 bis 1928 eine großangelegte Expedition durch Indien, China und die Mongolei bis hin zu den Grenzen von Tibet. Im Ergebnis dieser Reise veröffentlichten die Roerichs mehrere Bücher – eines trug den Titel „Shambhala“. Für Nicholas Roerich war Shambhala das Symbol des kommenden Weltfriedens und der Aufklärung. Alles, was er auf seiner Expedition in Indien, China und der Mongolei aus erster Hand lernte, integrierte er in seine eigene Weltanschauung. Die Expedition der Roerichs hatte eine tiefe spirituelle, vielleicht sogar magische Dimension - und damit verbunden auch eine politische Aufgabe. Doch die Roerichs sollten ihr ersehntes Ziel – die Stadt Lhasa – nie erreichen. Durch eine verweigerte Reiseerlaubnis war die Expedition gezwungen, den Winter 1927 / 28 wartend vor den Toren Lhasas zu verbringen. Ungenügend für einen solchen Fall ausgerüstet, verloren die Roerichs hier zahlreiche Reisebegleiter und fast alle der in diesen Breiten unersetzlichen Tragtiere durch Erfrieren. Doch umso intensiver setzte Nicholas Roerich seine Suche nach Shambhala fort, von dem er schreibt:

„Shambhala selbst ist der Heilige Ort, an dem sich die irdische Welt mit den höchsten Bewußtseinszuständen verbindet. Im Osten weiß man, dass es zwei Shambhalas gibt – ein irdisches und ein unsichtbares. Es ist viel über den Ort des irdischen Shambhala spekuliert worden. Gewisse Anzeichen verlegen diesen Ort in den extremen Norden, indem sie erklären, dass die Strahlen der Aurora Borealis die Strahlen des unsichtbaren Shambhala sind. Dies ist jedoch so nicht zutreffend. Das irdische Shambhala liegt nur von Indien aus gesehen nördlich. Daher ist es im Himalaja, im Pamir, in Turkestan oder der zentralen Gobi zu suchen."

In seinen Schriften verband Roerich die Idee Shambhalas wiederum mit den Überlieferungen, die von den Rishis oder Mahathmas berichten und außerdem mit der Idee des unterirdischen Reiches von Agartha. Den Überlieferungen zufolge, mit denen die Roerichs in Indien und China in Berührung kamen, existierte unter den Plateaus von Zentralasien ein ausgedehntes Höhlensystem. Diese gewaltigen unterirdischen Kavernen werden noch heute durch das Volk der Chud von Agartha bewohnt, schrieb Roerich. In ganz Asien war er auf Erzählungen über diesen verschwundenen, friedlichen und hochzivilisierten Stamm gestoßen. Die Chud waren durch Angriffe kriegerischer Nachbarn gezwungen worden, unterirdisch Schutz zu suchen. Diese Berichte über Agartha waren allerdings nicht von allzu großem Interesse für Nicholas Roerich, wie sich unschwer aus seinen Schriften erkennen läßt. Er erwähnte sie lediglich als Facette der Überlieferungen, die im Wesentlichen um Shambhala kreisen.

Die Bücher hingegen, welche der Rishi Morya Roerichs Frau Helena diktierte, waren der Klärung der Frage gewidmet, was Agni oder das Feuer von Shambhala sei und wie es an der Wende der Yugas funktionieren wird. Als Agni wird demnach „die große ewige Energie, diese unwägbare Materie, die überall verteilt ist und die uns jederzeit zur Verfügung steht", bezeichnet. In den vierziger Jahren des zwanzigsten Jahrhunderts, so sagte der Rishi Helena Roerich voraus, „werden sich Energien kosmischen Feuers der Erde nähern und viele neue Lebensbedingungen schaffen." Leider geschah dies tatsächlich. Wenn die Roerichs gewusst hätten, in welcher Form Agni gezwungen wurde, sich im August 1945 über Hiroshima zu zeigen, sie wären vielleicht vorsichtiger gewesen, es dem westlichen Teil der Menschheit zu empfehlen. An dieser Stelle soll auch nicht unterlassen werden, darüber zu berichten, dass die Expedition der Familie Roerich am 5. August 1927 im Distrikt von Kukunor Zeuge einer klassischen UFO-Sichtung wurde. Dies geschah immerhin zwanzig Jahre vor dem „offiziellen" Beginn des Phänomens mit einer Sichtung von mehreren unbekannten Flugobjekten über den Rocky Mountains durch den Amerikaner Kenneth Arnold im Jahr 1947. Während Arnold den gesichteten Objekten die unglückselige Bezeichnung „Fliegende Untertassen" verpasste und somit bereits von Anfang an das Phänomen, wenn auch sicherlich unbeabsichtigt, der Lächerlichkeit preisgab, ist Roerichs Bericht sachlicher Natur, wenn er schreibt.

„Wir alle sahen, wie sich etwas Großes und Glänzendes, die Sonne reflektierend, in einer Richtung von Nord nach Süd, wie ein riesiges Oval mit hoher Geschwindigkeit bewegte. Als es unser Lager überquerte, änderte es seine Richtung von Süd nach Südwest. Wir sahen, wie es im tiefblauen Himmel verschwand. Wir hatten kaum Zeit, unsere Feldstecher zu nehmen und sahen ganz deutlich eine ovale Form mit glänzender Oberfläche, eine Seite von der Sonne bestrahlt."

Der einheimische Führer von Roerichs Expedition, ein Lama, bemerkte zu dieser Sichtung: *„Ein sehr gutes Zeichen. Wir werden beschützt. Rigden-Jyepo selbst achtet auf uns."*

Auch die deutsche Asienexpedition des Dr. Ernst Schäfer von 1938 wurde Zeuge ganz ähnlicher Ereignisse. In Anbetracht dieser Tatsachen erscheint die Annahme gerechtfertigt, dass es sich bei einem Großteil der alljährlichen UFO-Sichtungen höchstwahrscheinlich eben nicht um außerirdische Intelligenzen, sondern um die Vimanas der Rishis aus Shambhala handelt. Für diese Hypothese spricht ebenfalls das außerordentliche Interesse, welches die Besatzungen der fremden Flugobjekte für die Entwicklung der Menschheit und des Planeten Erde hegen. So sie tatsächlich aus den Tiefen des Alls zu uns kämen, bestünde für sie kein nachvollziehbarer Grund, immer öfter die Menschheit vor einem kollektiven Selbstmord durch einen weltweiten Krieg oder durch hausgemachte Umweltkatastrophen zu warnen. Wenn unsere Zivilisation aber durch ihr leichtsinniges, um nicht zu sagen, größenwahnsinniges Spielen mit den Kräften der Natur auch an dem Ast sägt, auf dem zugleich mit uns die Rishis sitzen, dann besteht für diese tatsächlich Handlungsbedarf, und die Legenden von Rigden-Jyepo und den Herren der Welt, über die auch Nicholas Roerich berichtet, erscheinen plötzlich in einem neuen, sehr aktuellen Bezug. Für Nicholas Roerich war Rigden-Jyepo der prophezeite Herr der Neuen Ära von Shambhala, welcher zurzeit eine unbesiegbare Armee vorbereitet. Roerich identifizierte diesen Herren der Welt als Maitreya, den Letzten Avatar, welcher das Kali-Yuga zu Ende führt und zugleich das neue Krita oder Satya Yuga eröffnet. Es existieren durchaus ernstzunehmende Hinweise darauf, dass Roerichs Expedition bei diesem Wechsel der Zeitalter eine aktive Rolle spielte. Diese Hinweise beziehen sich auf einen geheimnisvollen Stein von einem fernen Stern, der am ehesten mit dem lapsit exillis, dem Grals-Stein aus Wolfram von Eschenbachs Epos Parzival verglichen werden kann oder mit dem Stein der Weisen westlicher Alchimie. Der größere Teil dieses Steines soll der Überlieferung zufolge in Shambhala verbleiben, während ein anderer Teil rund um die Erde zirkuliert und dabei seine magnetische (geistige) Verbindung mit dem Hauptstein behält. Von diesem wird berichtet, dass er sich auf dem „Turm von Rigden-Jyepo" befinden und von dort aus zum Wohl der gesamten Menschheit strahlen soll. Professor George Roerich, der Sohn des Malers, berichtete, dass der Stein vermutlich vom Sirius stammt. Ein Bruchstück dieses Steines wurde von Zentralasien aus nach Europa geschickt, um bei der Gründung des Völkerbundes zu helfen. Roerichs Expedition soll dann diesen Teil des Zentralsteines wieder nach Shambhala zurückgebracht haben. In der Tat beziehen sich einige Gemälde des Chintamani-Zyklus von Nicholas Roerich ganz offensichtlich auf diese geheime Mission.

Auch das Ziel meiner Reisen und Expeditionen ist es, jenen, die sich meiner Begleitung anvertrauen ebenso wie den Menschen der Länder, die ich besuche, zu vermitteln, dass der andersartige Fremde kein potentieller Feind, sondern immer zuerst ein möglicher Freund ist. Daher steht die Frage nach dem Beweis für die Existenz der Rishis und ihrer Heimat Shambhala auch keineswegs allein im Vordergrund der Forschungen, obwohl sie ein Teil meiner Suche im Außen ist. Viel wichtiger erscheint mir die Frage, was jeder, der mit dem Erbe der sieben Weisen – den Schicksalsbibliotheken Indiens – in Berührung kommt, mit den Informationen, die ihm dort über sein Leben zur Verfügung gestellt werden, beginnen kann. Wem also in den Palmblattbibliotheken bestätigt wird, dass er sich auf einem geistigen Pfad befindet und die Anlagen für noch größere spirituelle Fähigkeiten in sich trägt, der wird enttäuscht über das Ausbleiben des Erfolges auf seiner Suche sein, wenn er in sein Alltagsleben zurückkehrt, ohne etwas daran zu verändern. In diesem Fall nämlich wird er seine spirituellen Anlagen verkümmern lassen. Pflegt derjenige jedoch diese Fähigkeiten und nutzt die Hinweise des Nadi-Readings, so wird er all das erreichen, was ihm das Palmblattmanuskript voraussagt. Enttäuscht werden jedoch auch all jene sein, die heimlich wünschen, in Indien im Eilzugtempo und ohne große Mühe die Erleuchtung erreichen zu können oder jene, die mit ganz bestimmten Erwartungen, deren ausschließliche Bestätigung sie erhoffen, die Schicksalsbibliotheken aufsuchen. Wer jedoch mit wirklichen Fragen und offenen Herzens in die Palmblattbibliotheken kommt, wird für alle diese Fragen jene Antworten erhalten, die er sucht und die für seine weitere Entwicklung wichtig sind.

In einem Kapitel dieses Buches hatte ich die Zeit mit einem mächtigen Strom vergleichen. Zu diesem Bild will ich nun zurückkehren. Die Aussagen der Palmblattmanuskripte bilden so etwas wie eine geistige Seekarte für diesen Strom der Zeit, mit deren Hilfe wir unser Lebensschiff steuern sollen. Diese spirituelle Karte zeigt also alle Untiefen, gefährlichen Strudel und steinigen Küsten, aber ebenso den idealen Kurs durch die Fährnisse des Lebens und der Zeit. An jedem selbst aber liegt es, diesen Kurs zu steuern. Ein guter Kapitän wird seiner Seekarte vertrauen, sich aber nicht ausschließlich auf sie verlassen, sondern zugleich Wind, Wetter und die See beobachten, um selbst den idealen Kurs zu finden. Wenn er dies dann erreicht hat, so braucht er die Seekarte nicht länger. Bezogen auf die Palmblattbibliotheken bedeutet dies, dass jeder, der seine spirituellen Fähigkeiten kontinuierlich und diszipliniert vervollkommnet, sich also ernsthaft auf eine geistige Suche begibt, nicht nur die Aufgabe, welche ihm in seinem Palmblattmanuskript dargelegt wird, in diesem Leben verwirklichen kann, sondern darüber hinaus selbst den Zugang zu den geistigen Welten und auch zur Akasha-Chronik zu erlangen vermag.

Auch beim Studium der Schriften Madame Blavatskys fiel mir auf, dass zwischen den von ihr beschriebenen Weisheitslehrern, den „Mahathmas" des verborgenen Reiches im Himalaja, und den Rishis der altindischen Epen verblüffende Ähnlichkeit besteht. Die von Madame Blavatsky beschriebenen Mahathmas vermögen ebenso wie die Rishis in einer Art von kosmischem Gedächtnis, der Akasha-Chronik, zu lesen und dadurch vollkommene Kenntnis von Vergangenheit und Zukunft der Erde, ja des gesamten Universums zu erlangen. Ebenso wie Brighu, Agasthya, Vaishishta und die anderen Rishis sind auch die Mahathmas eine Gruppe unsterblicher Wesen, die weder der menschlichen Rasse, noch transzendenten Gottheiten zugeordnet werden können. Beide Gruppen werden darüber hinaus als Hüter einer universellen Wahrheit beschrieben, die das Geheimnis der Schöpfung beinhalten soll.

Über den Ursprung des Nadi-Readings konnte ich aus theosophischen Schriften ebenfalls einiges in Erfahrung bringen. Die Verfasser der theosophischen Bücher vertraten überwiegend die Meinung, dass es sich bei der Kunst des Nadi-Readings um eine uralte, sehr spezielle Art der vedischen Astrologie handelte, von der in unserer Zeit allerdings nur noch über den gesamten indischen Subkontinent verstreute Fragmente übriggeblieben sind. „Nadi" wurde die Methode genannt, weil ursprünglich die Voraussagen durch das Studium des Pulses des jeweiligen Klienten getroffen wurden, ganz ähnlich, wie ayurvedische

Ärzte noch heute bei ihren Patienten eine Pulsdiagnose vornehmen. Die Autoren bescheinigten dem System des Nadi-Readings eine außerordentliche Präzision und sehr detaillierte Voraussagen. Als einzige Voraussetzung dafür wurde die möglichst genaue Angabe des jeweiligen Geburtsdatums und der Geburtszeit genannt. Die Lehre des Shuka-Nadi beruhte nach diesen Ausführungen offenbar auf der Wahrnehmung von Vergangenheit und Zukunft jenseits unseres herkömmlichen Raum-Zeit-Verständnisses. Darauf aufbauend, sollte das Shuka-Nadi eine lebensberatende Funktion ausfüllen, das heißt, es sollte helfen, die eigentliche Bestimmung seiner derzeitigen Inkarnation zu finden. Diese Sichtweise erschien durchaus vernünftig. Spektakulär wurde es erst, als ich las, dass dieses System einer offenbar wissenschaftlich begründbaren Zukunftsschau ursprünglich auf den versunkenen Kontinenten Atlantis und Mu praktiziert worden sei.

Das geheimnisvolle Mu hatte einstmals 64 Millionen Einwohner und bereits vor 50.000 Jahren eine der unseren in vielen Belangen überlegene Kultur erreicht, bevor es im Verlauf einer gigantischen Naturkatastrophe im Pazifik versank. Die Überlebenden der untergegangenen Hochkulturen hätten die Methode des Shuka Nadi nach Indien gebracht und sie den „ältesten Weisen“ der frühen Indus- und Harappa-Kulturen tradiert. Der sagenhafte Kontinent Mu ist nachweislich das geistige Kind des französischen Arztes Augustus le Plongeon (1826 – 1908). Er gehörte zu den ersten Amateurarchäologen, die Mayakultstätten der mexikanischen Halbinsel Yucatan ausgruben. Dabei entdeckte le Plongeon den sogenannten Troana Codex, einen der wenigen erhaltenen Maya-Texte. Er übersetzte das Manuskript und gab eine recht außergewöhnliche Darstellung des geheimnisumwobenen Kontinentes Mu. Nach le Plongeons Auffassung beherrschte Mu den pazifischen Raum, bis es durch ein Erdbeben zerstört wurde. Der französische Arzt behauptete auch, im Besitz von Beweisen zu sein, die belegten, dass die Bewohner von Mu nicht nur die Urahnen der Maya, sondern auch der Ägypter gewesen sind. Ein Amerikaner, James Churchward, griff die Forschungsergebnisse le Plongeons auf und brachte sie in Zusammenhang mit seinen eigenen Untersuchungen in

Indien am Ende der siebziger Jahre des 19. Jahrhunderts. Damals entdeckte Churchward in einer Tempelanlage Südindiens, die er nicht näher bezeichnete, eine große Sammlung von Stein- und Metalltafeln. Diese Tafeln waren mit altertümlichen Schriftzeichen einer fast vergessenen Sprache bedeckt. Churchward benötigte mehr als zwei Jahre, um unter Anleitung eines Tempelpriesters diese Schrift zu entschlüsseln, bei der es sich nach seinen Angaben um die ursprüngliche Sprache der Menschheit handeln soll. Er bezeichnete die Schöpfer dieser uralten Schrift als „Nacaal". Aus den Texten ging hervor, dass es sich bei diesem Volk um die Überlebenden einer untergegangenen Hochkultur handelte, die von einem im Pazifik versunkenen Kontinent stammte. Diesen Kontinent nannte Churchward ebenfalls Mu – den Mutterkontinent der Menschheit. Die Naacal hatten nach Churchwards Untersuchungen Kolonien in weiten Teilen der heute bekannten Welt eingerichtet. Sie verließen den sinkenden Kontinent vor etwa 12.000 Jahren und wanderten vor allem in das Gebiet des heutigen Burma ein. Bei der Expansion ihres neuen Reiches erreichten die Nacaal schließlich auch Indien. Dort gingen sie in den frühen Indus- und Harrappa-Kulturen auf, an die sie ihr Wissen zumindest teilweise weitergaben. Um Überreste dieses Wissens handelte es sich wohl auch bei den von James Churchward aufgefundenen „Nacaal-Tafeln". Sie waren tatsächlich bruchstückhafte Überlieferungen der Geschichte jener sagenhaften prähistorischen Hochkultur.

Churchward erwähnte jedoch auch in seinen Berichten, dass weitere Tafeln dieser einzigartigen Sammlung mit ergänzenden Texten an den *„sieben heiligen Rishi-Stätten"* Indiens aufbewahrt wurden. Bei diesen heiligen Stätten, über die Churchward nur am Rande berichtet, da er zu den dortigen Archiven keinen Zutritt erhielt, könnte es sich um die sieben heiligen Städte der Hindus handeln, deren bekannteste Varanasi ist, das die Engländer Benares nannten. Zu den Heiligen Städten gehören aber auch Vrindaban, der Geburtsort Krishnas, und im Süden Indiens Kanchipuram, die *„Stadt der Tausend Tempel"*. War James Churchward möglicherweise in den Archiven der Tempel von

Kanchipuram auf die Spuren der Großen Alten aus der Vorzeit gestoßen? Nach Churchwards Ansicht stammten Brighu, Agasthya und die anderen Rishis aus einer vormenschlichen Hochkultur, einer Welt vor unserer Zeit. Die Bestätigungen für seine Hypothese fand Churchward nicht nur in den Forschungsergebnissen von le Plongeon, sondern auch in den Untersuchungen seines Freundes und Kollegen William Niven, der in Mittelamerika ebenfalls bei Ausgrabungen beschriftete Tafeln der Nacaal zutage förderte. Diese sensationellen Funde erzählten von der Entstehung des Universums und der Erde, vom Ursprung des Lebens auf diesem Planeten und den verschiedenen „Weltzeitaltern", in denen bereits vor Entstehung der heutigen Menschheit verschiedene Hochkulturen existierten, deren letzte die der Nacaal war. Die Thesen von Churchward, le Plongeon und William Niven haben bis heute nicht vermocht, sich gegen die etablierte Geschichtsforschung durchzusetzen.

Dennoch konnte James Churchward mit Recht behaupten, dass zu seiner Zeit immer noch sensationelle Informationen über die wirkliche Geschichte der Menschheit in den Archiven und Bibliotheken der indischen Tempel bewahrt wurden, eingemeißelt in steinerne Tafeln oder niedergeschrieben auf den getrockneten Blättern der Stechpalme, die vor allem im Süden Indiens das Pergament und später auch das Papier ersetzte. Bedeutende Teile dieser aus Kasskara überlieferten Bibliotheken sollen die individuellen Schicksale von hunderttausenden, vielleicht sogar Millionen von Menschen beinhalten. Ich bin sicher, dass es sich bei diesen heiligen Stätten, von denen die theosophischen Autoren schrieben, um die Palmblattbibliotheken in Indien und anderen Ländern Südostasiens handelt.

Abb. 7: Rishi Agasthya und seine Frau Lobamudra.

Abb. 8: Rishi Bharadwaja – der Ingenieur unter den Rishis schrieb ein Buch über Vimanas.

Dein Schicksal liegt auf dem Server – Die digitalisierte Palmblattbibliothek von Yangon

Außergewöhnliche spirituelle Erfahrungen zu machen, ist in Asien eher die Regel als die Ausnahme. Gelebte Spiritualität gehört von alters her zu den südostasiatischen Kulturen, seien sie nun hinduistisch oder eher buddhistisch geprägt, wie in Myanmar.

Es gibt keine Staatsreligion in Myanmar, aber die Mehrheit der Bevölkerung hängt der Theravada an, dem ältesten Zweig des im burmesischen Königreich von Bagan praktizierten Buddhismus. In Myanmar mischen sich bis heute auch animistische Glaubensvorstellungen mit denen des Buddhismus. Dazu gehört der Glaube an die „Nats" – mächtige Geister, deren wichtigster Schrein sich am Fuße des Mount Popa befindet.

Die Kunst der Zukunftsdeutung ist ebenso wichtiger Bestandteil des alltäglichen Lebens. Wenn ein neues Jahr beginnt, dann nehmen die Burmesen auch heute noch nur allzu gern die Dienste ihrer Zukunftsdeuter in Anspruch. Glück ist in ihren Augen nämlich etwas, das man nicht dem Zufall überlassen sollte. Wenn man ihnen Glauben schenkt, dann gehen auch tatsächlich die meisten Prophezeiungen in Erfüllung. Rund 80 % der Vorhersagen erweisen sich als akkurat. „Mahabote" nennt man die traditionelle burmesische Astrologie, die in allen Gesellschaftsschichten praktiziert wird. Der astrologische Kalender unterteilt die Woche in 8 Tage, wobei Mittwoch (jener Tag, an dem Buddha geboren wurde), hier aus zwei Teilen besteht. In dieser Art von Kalender wird jeder Tag von einem Tier, einem Planeten und einer Himmelsrichtung dargestellt:

Sonntag: Nordosten – Sonne – Garuda (Vogelmensch)

Montag: Osten – Mond – Tiger

Dienstag: Südosten – Mars – Löwe

Mittwochvormittag: Süden – Merkur – Elefant mit Stoßzähnen

Mittwochnachmittag: Nordosten- Mondknoten – Elefant ohne Stoßzähne

Donnerstag: Westen – Jupiter – Ratte

Freitag: Norden – Venus – Meerschweinchen

Samstag: Südwesten – Saturn – Naga (Schlange)

Die traditionellen burmesischen Bräuche stehen in direkter Verbindung mit der Astrologie; sowohl die Aufteilung der Tage, die Prophezeiungen für künftige Ereignisse, als auch die den Neugeborenen gegebenen Namen. Das jeweilige Sternzeichen, und somit die Persönlichkeit, hängt vom Wochentag ab, an dem man geboren ist. Diesem Brauch folgend, führen die meisten Birmanen keinen Familiennamen, sondern einen mit ihrem Sternzeichen verbundenen zweiten Namen.

Neben der weit verbreiteten „Mahabote“ Astrologie existieren in Myanmar auch weniger bekannte Formen der Zukunftsdeutung. Dazu gehört die Palmblattbibliothek von Yangon.

Diese Schicksalsbibliothek befindet sich nahe der berühmten Schwedagon Pagode in der alten Hauptstadt Rangoon, dem heutigen Yangon. Das Haus, in dem die „Pitaka Dhamma Library“, die Palmblattbibliothek verwahrt wird, liegt am Fuße der Pagode zwischen buddhistischen Klöstern.

Zunächst geht es über steile Stufen zwei Stockwerke hinauf. Und dann stehe ich tatsächlich in den Räumlichkeiten der Bibliothek. Es riecht nach ätherischen Ölen und poliertem alten Holz. In Vitrinen und massiven Schränken stapeln sich unzählige Palmblattmanuskripte, alle fein säuberlich katalogisiert und beschriftet – ganz so, wie man sich eine Bibliothek vorstellt.

Doch Schicksalslesungen finden hier nicht mehr statt, wie sich bald herausstellt. Der buddhistische Mönch U Nyunt Mg, der diese Lesungen abhielt, hat seine Neunzig überschritten, und fühlt sich zu der konzentrierten und aufwendigen Arbeit des Lesens aus den antiken Manuskripten nicht mehr imstande.

Die Bibliotheksmitarbeiter verstanden meine Enttäuschung. Sie war mir sicher auch anzusehen.

Warum ich denn unbedingt hier in der Bibliothek eine Lesung wünschte, wollten sie von mir wissen. Das ganze Prozedere ginge doch inzwischen viel einfacher vonstatten, und könne sogar in meinem Hotel stattfinden, ließen sie mich wissen. Ich war perplex. Wie sollte das funktionieren? Die Bibliothekare waren um eine Antwort nicht verlegen.

Von ihnen erfuhr ich, dass die Pitaka Dhamma Bibliothek tatsächlich nur noch die Funktion eines Archivs erfüllte. Der Inhalt aller hier aufbewahrten Palmblattmanuskripte war schon vor Jahren digitalisiert wurden und liegt jetzt auf Servern, welche die Regierung Myanmars hostet.

„Wenn Sie eine Lesung möchten, dann wenden Sie sich doch an Frau Kyi Kyi Sein. Sie hat das Projekt der Digitalisierung geleitet."

Sie hatte noch viel mehr getan, wie ich später erfahren sollte. Frau Kyi Kyi Sein berät in ihrer Funktion als Präsidentin der Gesellschaft der burmesischen Zukunftsdeuter die Regierung Myanmars. Es ist im Wesentlichen ihrer Initiative zu verdanken, dass sich Myanmar ganz überraschend für das Ausland im Jahr 2005 eine neue Hauptstadt zulegte. Naypyidaw, der „Sitz der Könige" im Herzen Myanmars ist rein flächenmäßig achtmal so groß wie Berlin.

Bereits ab 2000 begann die Errichtung der nach astrologischen Gesichtspunkten geplanten neuen Hauptstadt Myanmars. Während westliche Medien später vermeldeten, die burmesische Militärregierung „fürchte die Intervention des Westens im Namen der Demokratie", ist es in Asien so ungewöhnlich nicht, neue Hauptstädte zu errichten, wenn die alten Anlagen energetisch nicht mehr den Erfordernissen der Zeit entsprechen. Yangon, das alte politische und administrative Zentrum Myanmars, ist mit nahezu acht Millionen Einwohnern immer noch die bedeutendste Stadt Myanmars, doch energetisch steht sie in den Augen der Burmesen für die längst vergangene Kolonialzeit unter der Herrschaft Großbritanniens und anderer fremder Mächte.

Yangon ist kein Wechsel auf die Zukunft.

Daher musste eine neue Hauptstadt her, und Frau Kyi Kyi Sein wusste, wo sie zu bauen war.

Als dann im Jahr 2005 Naypyidaw, der „Sitz der Könige“ mit einer großen Parade eingeweiht werden sollte, stellten Myanmars Zukunftsdeuter eine weitere Forderung. Alle Mitglieder der Militärregierung sollten anlässlich dieser Zeremonie in Frauenkleidern erscheinen. Damit würden männliche und weibliche Energien im Sinne der göttlichen Harmonie ausgeglichen. Niemand verweigerte sich diesem Ansinnen. Niemand lachte darüber. Jeder folgte der Einladung. Die Militärs erschienen in Frauenkleidern, geschminkt und zurecht gemacht wie Bräute am schönsten Tag ihres Lebens. So nahmen sie die Parade der schneidigsten Truppen der Republik ab. Seit diesem Tag schlägt das Herz Myanmars in Naypyidaw, dem „Sitz der Könige“.

Trotz ihrer offensichtlichen Popularität war es nicht einfach, Frau Kyi Kyi Sein zu finden. Erst nach einigen Tagen hatten meine birmanischen Freunde Erfolg, und konnten einen Termin vereinbaren.

Das unscheinbare Büro der Zukunftsdeuterin befindet sich im ersten Stock des Bogyoke Aung San Market. Der auch als Scott Market bekannte Basar ist bedeutendes Shopping Center im Zentrum von Yangon. Hier werden in mehr als 2.000 Geschäften alle erdenklichen Waren feilgeboten – von Lebensmitteln über Bekleidung bis hin zu wertvollen Schmuckstücken, Kunsthandwerk und Antiquitäten. Wer es darauf anlegt, kann in diesem Basar leicht einen ganzen Tag verbringen.

Zwischen einer Schneiderei und einer Zahnarztpraxis erwartete mich Frau Kyi Kyi Sein dann zur vereinbarten Stunde in ihrem schmucklosen Büro. Sie hatte ihren Laptop bereits in Betrieb. Von Palmblattmanuskripten, wie ich sie aus Indien kannte, gab es hier erwartungsgemäß keine Spur.

Ich fragte nach den Angaben, welche sie benötigte, um meine Palmblattinformation zu finden.

„Ich brauche Ihren kompletten Namen und das Geburtsdatum. Geburtsort und die genaue Geburtszeit, wenn Sie diese wissen, sind auch hilfreich," ließ mich Frau Kyi Kyi sein wissen. „Die Informationen sind nach kalendarischen Angaben geordnet." Sie tippte meine Angaben konzentriert in die Suchmaske des Programms. Danach ein Mausklick, und kurz darauf spuckte der drahtlos vernetzte Drucker jede Menge Papier aus. Die Seiten waren in Burmesisch und Englisch bedruckt.

Frau Kyi Kyi Sein ordnete den Papierstapel, und begann mit der Lesung.

Ich möchte den Leser an dieser Stelle nicht nochmals mit Angaben aus meinem Leben langweilen, die von Frau Kyi Kyi Sein ebenso korrekt wiedergegeben wurden, wie in den übrigen Palmblattbibliotheken. Die Lesung des Palmblattes untergliederte sich in mehrere Abschnitte. Nach der Einleitung, in welcher meine astrologischen Daten unter Verwendung des burmesischen Kalenders dargelegt wurden, berichtete Frau Kyi Kyi Sein anhand des Textes zunächst von meiner Vergangenheit in diesem Leben. Anschließend erläuterte sie meine charakterlichen Eigenschaften, Talente und Fähigkeiten sowie die Aufgaben, welche sich daraus ergeben und für die Gestaltung meiner Zukunft wichtig sind. Dieser Teil des Nadi-Readings, der die Gestaltung des Lebens umfasst, war inhaltlich der bedeutendste und auch umfangreichste der Palmblattlesung in Yangon. Hier ging es um das, was sich am treffendsten als „Sinn des Lebens" bezeichnen lässt.

Abb. 9: Anleitungen zu astrologischen Berechnungen.

Abb. 10: In der Schwedagon Pagode.

Abb. 11: Zu Besuch in der Palmblattbibliothek von Yangon.

Abb. 12: Beim Studium der Zukunft.

Buddha kennt Dein Schicksal – Die Palmblattbibliothek von Siam Reap in Kambodscha

Bereits im Februar 2015 bereiste ich gemeinsam mit meiner Frau Kambodscha. In Angkor Wat bekamen wir einen Tipp. Eine der geheimnisvollen Schicksalsbibliotheken befindet sich demnach inmitten des geschäftigen Touristenortes Siam Reap in einem buddhistischen Tempel.

Früh am Morgen machen wir uns auf den Weg. Mato Mak, unser einheimischer Begleiter ist zuversichtlich. Von unserem Hotel sind es nur wenige hundert Meter bis zu dem buddhistischen Schrein. Dort werden wir die „Nadi Jyothida Nylayam“, die Palmblattbibliothek finden. Doch zunächst gilt es, Lord Buddha unsere Aufwartung zu machen. Räucherstäbchen und Blumen, die vor dem Tempel erworben werden können, sind unsere Opfergaben, bevor an eine Palmblattlesung überhaupt zu denken ist.

Nach einem berührenden Segnungsritual durch buddhistische Mönche verlassen wir den Tempel und begegnen in seiner geräumigen Vorhalle den Palmblattlesern. Zwei sind es, Vater und Sohn, und beide wirken, als säßen sie schon seit Äonen hier auf dem blanken Boden, umgeben von mehreren Dutzend Palmblattbüchern.

Wir fragen nach den Angaben, welche die Leser benötigen, um nach unseren Palmblättern zu suchen. Um das Palmblatt eines Ratsuchenden aufzufinden, brauchen die Nadi-Reader meist den kompletten Namen und das Geburtsdatum des Klienten. Diese Prozedur war uns von Palmblattlesungen in Indien, Sri Lanka, Myanmar und Bali vertraut. Doch hier winkte der Leser ab. „Nein, wir wollen nichts wissen. Suchen Sie sich ihr Manuskript aus.“ Einladend deutete er auf die Palmblattbücher.

Wie bitte? Das Buch selbst aussuchen? „Aber ja, bitte schön ...“

Zögernd greifen meine Frau und ich nach den Manuskripten, wenden einige hin und her, ergreifen schließlich jeder eines, das uns auf irgendeine, besondere Weise anspricht. Nun würden wir uns dreimal in Richtung des großen Buddha im Tempel verneigen, und dabei das Manuskript über dem Kopf halten, bedeutet uns unser Begleiter Mato Mak. Das Palmblattbuch ist mit einer Kordel verschnürt, an deren Ende sich ein winziger, hölzerner Haken befindet. Während der kleinen Zeremonie sollen wir diesen Haken irgendwo zwischen die Seiten des Manuskriptes klemmen, ohne genau zu sehen, wo, erklären die Palmblattleser. Wir folgen ihren Anweisungen. Im Anschluss übergebe ich das Palmblattbuch dem Leser. Er öffnet es an der von mir markierten Stelle, und beginnt zu lesen.

Nach einer zutreffenden Schilderung der Vergangenheit und meiner aktuellen Lebenssituation wurde mein weiteres Leben in Abschnitten von jeweils 2 bis 3 Jahren bis hin zum Todestag sehr detailliert geschildert und erläutert. Im Zusammenhang mit meiner weiteren Entwicklung benannte das Palmblatt auch vier meiner früheren Leben, aus welchen bestimmte Erfahrungen und Ereignisse in die jetzige Inkarnation hineinwirken. Dieser Abschnitt des Readings diente vor allem dazu, noch unbewusste, brachliegende Fähigkeiten, die bereits in früheren Leben erworben wurden, für die Aufgaben in dieser Inkarnation nutzbar zu machen. Meine in diesem Zusammenhang bedeutendste Inkarnation hatte ich in Indien erlebt, als ein Philosoph, der eine bestimmte Art des Kundalini-Yoga (Schlangen-Yoga) praktizierte. Das Kundalini-Yoga versucht, die gegensätzlichen Prinzipien Spiritualität und Sexualität durch Verschmelzung ihrer Energien im Körper zu vereinen und so das reine Bewusstsein der Einheit aus Körper und Seele zu erreichen. Ist diese Vereinigung vollkommen, hat ein solcher Yogi Moksha – die Erlösung vom Kreislauf der Wiedergeburten – erlangt. Ein weiteres Leben verbrachte ich nach Aussage des Textes auf dem Palmblatt in China. Dort beschäftigte ich mich mit Architektur und praktizierte Tantra. Das Tantra erscheint als eine recht unorthodoxe Form des Yoga. Tantra ist ein mystischer, aber dennoch klar vorgegebener Weg zur ekstatischen Befreiung durch die Lenkung der unendlichen Energien von Körper und Seele – es ist ein Yoga des Handelns. Die Tantrikas wollen den weltlichen Freuden nicht entsagen, sondern im Gegenteil aktiv erleben. Das bewusste Erfahren dieser Freuden soll soweit gehen, dass die dabei freigesetzte Energie zur höchsten Erleuchtung führt. Dabei wird das Göttliche in Gestalt der Frau verehrt. Die Tantrikas glauben daher an die Frau als Trägerin der göttlichen Macht. Aus diesem Grunde spielt auch der Geschlechtsverkehr als Ausdruck der Vereinigung von Männlichem und Weiblichem, also von transzendenter und immanenter Gottheit, im Tantrismus eine außerordentlich große Rolle. Auch in Spanien lebte ich bereits einmal in einer Familie, die dem damaligen Herrscherhaus sehr nahestand. Aus dieser Inkarnation kannte ich auch meine Mutter. In Südafrika lebte ich bereits einmal um die Wende des 19. zum 20. Jahrhundert als Rechtsanwalt und kämpfte wohl in den Burenkriegen. Ein weiteres Kapitel des Nadi-Readings war meiner gesundheitlichen Verfassung sowohl in psychischer als auch in physischer Hinsicht gewidmet. Dabei nannte der Text des Palmblattes auch die Gegenmittel (etwa bestimmte Meditations- und Yogatechniken oder Medizin der Ayurveda) zur Behebung möglicher künftig auftretender gesundheitlicher Probleme.

Auch die Lesung meiner Frau war außergewöhnlich. Als sie sich gegen die Statue Buddhas verneigte, steckte sie so wie ich den kleinen hölzernen Haken am Ende der Schnur zwischen die Blätter des Manuskriptes. Dann jedoch korrigierte sie nochmals den Sitz des Hakens und platzierte ihn zwischen anderen Manuskriptseiten. So übergab sie das Palmblattbündel dem Leser. Er öffnete es an der bezeichneten Stelle und begann ohne Umschweife, die Beschreibung ihres Lebens vorzutragen – die Vergangenheit, Gegenwart und unsere gemeinsame Zukunft. Es hieß nämlich in ihrem Palmblatt, dass wir beide bis zu unserem Ende zusammenleben werden, gemeinsame Interessen und Ziele teilen. Es ist unsere Aufgabe, durch die Kraft des Wortes Menschen und Kulturen zu verbinden, Verständnis zwischen Fremden zu schaffen, und Menschen aus unserem Kulturkreis die Möglichkeit zu bieten, andere Völker und Länder kennenzulernen.

Abb. 13: Palmblattmanuskript in Siam Reap.

Abb. 14: Buddhistischer Tempel in Siam Reap –
hier befindet sich die Palmblattbibliothek.

Abb. 15: Angkor Wat.

Das Geheimnis der Palmblattbibliothek von Bali

Aufgrund meiner Erfahrungen in Indien hatte ich zunächst angenommen, dass das Phänomen der Palmblattlesungen ausschließlich auf den Subkontinent beschränkt sei. Im November 2006 sollte sich dies ändern. Ich erhielt von einem guten Bekannten die Information, dass sich zumindest eine Schicksalsbibliothek auch auf der indonesischen Insel Bali befinden solle.

Um die Schicksalsbibliothek von Bali zu finden, reiste ich im April 2007 gemeinsam mit einigen Begleitern nach Bali. Von unserem Domizil im Dorf Penestan bei Ubud aus unternahmen wir Erkundungstouren über die Insel. Mit Hilfe unseres balinesischen Begleiters I Wayan Kasta gelang es uns nach einigen Tagen tatsächlich, einen Termin für die Schicksalslesungen in der Bibliothek von Gyanjar in Ostbali zu erhalten. Dort stellten wir zu unserer Überraschung fest, dass der Pedanda nicht mehr nur von antiken Palmblättern liest. Er benutzt für seine Lesungen auch handgeschriebene Folianten, welche die jeweiligen Informationen enthalten. Das komplizierte Herstellen von Palmblattmanuskripten ist auf Bali inzwischen eine aussterbende Kunst, insbesondere seit der verhängnisvollen Eroberung der Insel durch die Holländer Ende des 19. Jahrhunderts. Den Massakern der Eroberer fielen vor allem die balinesischen Eliten zum Opfer. Mit ihnen starben auch große Teile des alten Wissens. Lediglich in dem von Bali Aga bewohnten Dorf Tenganan hat die Kunst der Anfertigung von Palmblattmanuskripten bis auf den heutigen Tag überdauert. Inzwischen beherrscht jedoch die Massenproduktion von Kalendern als Touristensouvenirs das Tagesgeschäft der einheimischen Handwerker. Aus diesen Gründen entschloss sich bereits der Großvater des heutigen Pedanda, die Abschriften der alten Manuskripte handschriftlich in robusten, ledergebundenen Folianten niederzulegen. Sein Enkel ist heute immer noch mit dem Abschreiben des Bestandes der Bibliothek befasst. Dies vermittelt eine bescheidene Vorstellung vom Umfang der Sammlung des Ida Pedanda Gd. Pt. Ngenjung.

Für das Auffinden der Information genügen hier die Angabe von Namen und Geburtsdatum. Die Information wird danach dem Besucher vorgelesen. Pedanda Ngenjung trägt dabei den Text zunächst auf Balinesisch vor. Vorher muss er die Information aus dem Alt-Javanischen, das in seinem Ursprung dem Alt-Tamil Südindiens verwandt ist, in das heutige Balinesisch übersetzen. Unser Dolmetscher Wayan Kasta schreibt die Übersetzung auf Balinesisch mit. Danach überträgt er den Text mündlich ins Englische. Es ist dem Klienten freigestellt, die für ihn wichtigen Punkte selbst zu notieren oder das Lontar-Reading mittels Audio bzw. Video aufzuzeichnen. Die Lesung untergliedert sich in mehrere Punkte. Nach einer Einleitung, in welcher die astrologischen Daten des Klienten unter Verwendung des balinesischen „Wuku"-Kalenders dargelegt werden, berichtet Pedanda Gd. Pt. Ngenjung anhand des Textes zunächst von der Vergangenheit seines Klienten in diesem Leben. Die mitgeteilten Fakten können durch Rückfragen überprüft werden. Danach folgt die Schilderung charakterlicher Eigenschaften ebenso wie von Talenten und Fähigkeiten des Klienten. Daraus leiten sich entsprechende Aufgaben ab, welche für die Gestaltung der Zukunft des Ratsuchenden wichtig sind. Das künftige Leben des Klienten wird in Abschnitten von jeweils 6 Jahren bis hin zum genauen Todestag geschildert und erläutert. Dabei symbolisieren Zahlen den Einfluss, dem das Leben des Klienten in den betreffenden Zeiträumen unterliegt. Die Ziffer 0 bedeutet einen kompletten Umbruch im Leben, 1 und 2 stehen für Kontinuität auf einem niedrigen Niveau, während die Ziffer 7 als höchste verwendete Zahl die Erfüllung der Lebensaufgabe ebenso wie Glück, Gesundheit und Wohlstand verheißt. Sie steht für die „Geschenke der Götter". Dieser Abschnitt des Lontar-Readings dient vor allem dazu, noch unbewusste, brachliegende Fähigkeiten, die bereits in früheren Leben erworben wurden, für die Aufgaben in dieser Inkarnation nutzbar zu machen. Ein weiteres Kapitel des Nadi-Readings ist der gesundheitlichen Verfassung des Klienten sowohl in psychischer als auch in physischer Hinsicht gewidmet. Hier werden auch die Gegenmittel, etwa in Form bestimmter Meditationstechniken oder klassischer balinesischer Kräutermedizin zur Behebung bestehender oder künftig auftretender gesundheitlicher Probleme genannt. Danach wird noch einmal gesondert die Thematik Partnerschaft und Familie mit allen positiven und auch weniger günstigen Aspekten besprochen. Zum Abschluß des Nadi-Readings erhält jeder Klient ganz persönliche Vorschläge für Opferzeremonien oder andere Handlungen, welche dazu bestimmt sind, bestehende Probleme aufzulösen, und künftig mögliche negative Einflüsse zu neutralisieren. Das Lontar-Reading von Gyanjar ist recht umfangreich und dauert pro Person mindestens eine Stunde.

Auch die Palmblätter in Bali enthalten nicht nur die Beschreibung individueller Schicksale, sondern auch Hinweise, wie sich die Zukunft der Menschheit gestalten wird. Es wäre jedoch nicht nur müßig, sondern sogar schädlich, diese Hinweise jedermann zu enthüllen. Viele sprechen von den Dingen im Außen, die geändert werden müssen. Sie verkennen aber, dass jede Änderung in der äußeren Welt nur dann dauerhaft sein kann, wenn sich zuvor die Dinge im Innern der Menschen, in ihrem Herzen und in ihrer Seele geändert haben. Es ist nutzlos, von Freiheit nur zu sprechen, wenn man in den Fesseln der Materie verstrickt ist. Ebenso ist es eine Lüge, den Frieden zu predigen, wenn dieser notfalls mit Waffengewalt erzwungen werden soll. Es ist eine Angewohnheit der Menschen des Kali Yuga, sich mit den Dingen der äußeren Welt zu identifizieren. Wenn sich jeder für sich selbst und seine spirituelle Entwicklung nur soviel Zeit nehmen würde, wie er aufwendet, um die Fehler seiner Mitmenschen zu kritisieren oder seinen materiellen Wünschen nachzujagen, dann gäbe es viel mehr Erleuchtete auf dieser Welt. Die Botschaft derer, die diese Bibliotheken schufen, ist selbstlose Liebe, denn die Probleme der heutigen Menschheit resultieren aus den selbstsüchtigen Wünschen der Menschen, seien diese nun persönlicher, sozialer, rassischer, nationaler oder regionaler Art. Nur wenn es gelingt, diese menschliche Selbstsucht zu überwinden, dann wird für jeden Einzelnen das Leben in einer wirklich menschlichen Gemeinschaft möglich sein. Um diese großen Dinge zu ändern, ist es jedoch erforderlich, dass zuvor der Einzelne sich verändert. Für alle, die nach dieser individuellen Veränderung streben, haben die Rishis vor mehr als 7.000 Jahren diese Palmblattbibliotheken geschaffen. Mit der Kenntnis der spirituellen Aufgabe in seinem Leben und den Hinweisen auf die Möglichkeit ihrer Lösung erhält jeder, der die Palmblattbibliotheken besucht, den Weg aufgezeigt, auf dem er für sich selbst diese innere Veränderung vollziehen kann und durch sein eigenes Beispiel ebenfalls an der Veränderung all jener mitzuwirken imstande ist, die in sein Leben treten. Nur dann kann man die Aufgabe erfüllen, die einem von den Rishis aufgezeigt wird.

Die Informationen meiner Lesungen in den verschiedenen Bibliotheken stimmen in ihren Aussagen nicht nur überein, sondern korrespondieren miteinander, so dass die Aussagen der Lesungen in Indien, Myanmar, Malaysia und Kambodscha jene von Bali ergänzen und umgekehrt. Die Lontarbibliothek von Gyanjar befindet sich schon geraume Zeit im Besitz der Familie Ngenjung. In ihrem Ursprung soll sie jedoch auch auf den Rishi Agasthya zurückgehen.

Wenn es so etwas wie ein Geheimnis der Schicksalsbibliotheken gibt, dann ist es dies: Die Informationen aus den Palmblattmanuskripten und den Lontar-Texten sind Beschreibungen unseres Lebens. Leben müssen wir unser Leben aber selbst jeden Tag aufs Neue. So schreiben wir schließlich das Buch unseres Schicksals.

Abb. 16: Besakih – das Nationalheiligtum Balis.

Abb. 17: Die Bali Aga stellen heute noch Palmblattbücher in alter Tradition her.

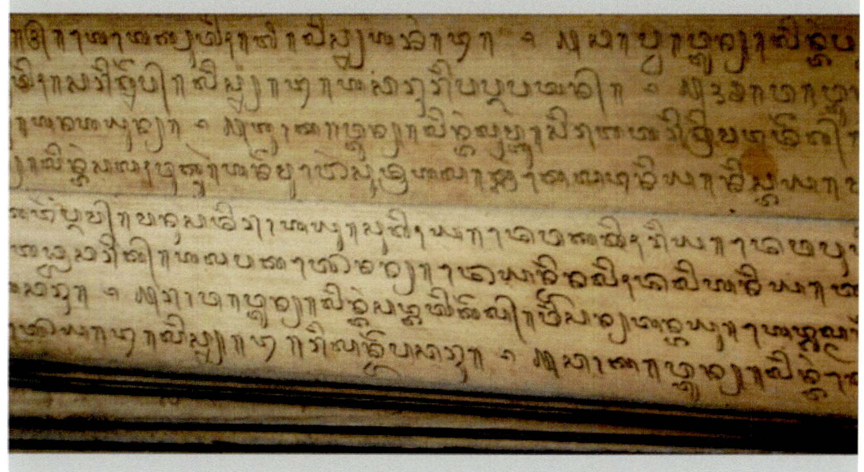

Abb. 18: Balinesisches Palmblattmanuskript.

Abb. 19: Lontar Reading in Bali.

Weltenwandel 2031 – Die Jayabhaya Prophezeiungen

Prophezeiungen haben Menschen von jeher fasziniert. Es ist verführerisch, einen Blick in die Zukunft zu werfen, um zu erfahren, was das Schicksal an Überraschungen bereithält. Vor allem in schlechten Zeiten vermögen Prophezeiungen auch, Hoffnung zu verleihen, und die Menschen zum Durchhalten zu ermutigen, in der Hoffnung auf eine bessere Zukunft.

Nostradamus (1503 – 1566) ist zweifellos einer der bekanntesten Propheten. Er soll eine Anzahl von Ereignissen vorhergesagt haben, die später auch tatsächlich so eintrafen, etwa die Französische Revolution, Hitlers Aufstieg, den Einsatz der Atombombe und sogar die Ereignisse des 11. September 2001. Derzeit streiten seine Interpreten darüber, ob die Aussage „... und sie werden kommen über das Meer wie Heuschrecken, aber es werden keine Tiere sein ..." sich auf die seit 2015 eskalierende Migrationskrise bezieht.

Doch nicht nur in Europa gab es in der Vergangenheit begnadete Seher – einer von Ihnen lebte bereits rund 400 Jahre vor Nostradamus in Indonesien. Es war Sri Mapanji Jayabaya Varmesvara, kurz Jayabhaya, (Javanisch, ausgesprochen: Ratu Joyoboyo), ein König, der das javanische Reich von Kediri in Ost Java von 1135 bis 1179 regierte. Der König ist noch heute in Indonesien sehr populär, vor allem aufgrund seiner zahlreichen Prophezeiungen zur Zukunft Javas, die sich bislang alle bewahrheitet haben.

Über Ratu Joyoboyo berichtet auch Sabdapalon. Er war ein Hindupriester und Ratgeber von Brawijaya V., dem letzten Herrscher des Majapahit Reiches in Java. Im Glauben der Javanesen soll er eine Reinkarnation des früheren Herrschers Jayabhaya gewesen sein. Sabdapalon wird im Darmagandhul, einem javanesischen spirituellen Epos, erwähnt. Es heißt auch, er habe seinen König verflucht, als dieser im Jahr 1478 zum Islam konvertierte. Sabdapalon versprach daraufhin, er werde nach 500 Jahren zurückkehren, um den Islam aus Indonesien zu verbannen, und die alte Ordnung wiederherzustellen. Seine Ankunft soll in einer Zeit des politischen Unvermögens, grassierender Korruption und großer Naturkatastrophen erfolgen. Einige der ersten modernen Hindu Tempel in Java wurden im Jahr 1978 fertig gestellt, so etwa der Pura Blambangan in der Region Banyuwangi. Wie in der Prophezeiung vorhergesagt, brach der Vulkan Mt. Semeru zur selben Zeit aus. Dies wird von den Indonesiern als Beleg für die Richtigkeit der Vorhersagen Sabdapalon's gewertet.

Doch er bezog sich lediglich auf Prophezeiungen, die lange vor ihm gemacht worden waren, von Jayabhaya – dem König und Seher aus Ost Java. Die Chroniken von Java oder Babad Tanah Jawi überliefern ebenso wie Serat Aji Pamasa schriftliche Zeugnisse des Königs.

Wie viele andere Herrscher seiner Zeit identifizierte sich Jayabhaya mit einer Gottheit. Dies geschah, damit seine Untertanen ihn als legitimen Herrscher anerkannten. Nach einigen Quellen war Jayabhayas Urgroßvater der Gott Brahma. Im Hinduismus ist Brahma der Schöpfergott. Doch noch mehr Zeitgenossen waren der Meinung, König Jayabhaya sei eine Reinkarnation oder ein Avatar des Hindugottes Vishnu. Bereits Jayabaya's Vater Gendrayana behauptete, ein direkter Nachfahre des Helden Arjuna zu sein, der gemeinsam mit seinen Brüdern im Hindu Epos Mahabharata die positiven Protagonisten verkörpert. Arjuna gilt als Sohn des Wind- und Wettergottes Indra. Ob es nun an dieser Blutlinie lag oder daran, dass Jayabhaya als Vishnus Avatar angesehen wurde, seine Zeitgenossen glaubten, der König habe magische Fähigkeiten, die ihn ebenso weit in die Vergangenheit wie die Zukunft sehen ließen.

Dazu passt, dass König Jayabhaya als Schutzherr der Dichtung und Literatur verehrt wurde. Während seiner Regentschaft beauftragte er zwei Poeten, Empu Panuluh und Empu Sedah mit der Niederschrift des Kitab Bharatayudh. Dieses Buch erzählte erneut die Geschichte des Mahabharata und wurde 1157 verfasst. Im Vorwort erwähnen die beiden Autoren König Jayabhaya als ihren Auftraggeber und Schutzherrn.

Doch auch der König selbst verfasste einige Bücher, die allesamt Prophezeiungen und Zukunftsdeutung zum Thema haben. Seine bekanntesten Werke sind das Serat Pranitiwakya und Serat Jayabhaya. Die letzten Lebensjahre verbrachte der außergewöhnliche Herrscher als Eremit im Dorf Menang, dass sich heute im Kediri-Regency's Subdistrikt befindet. Es ist ein Wallfahrtsort für die Einwohner Javas. Auch die beiden bekanntesten Präsidenten Indonesiens – Sukarno und Suharto sollen hier im Andenken König Jayabhayas meditiert haben. Dies zeigt, wie populär der javanesische Herrscher noch heute in Indonesien ist.

Eine seiner bekanntesten Prophezeiungen bezieht sich auf die Ankunft der Weißen in Indonesien. Jayabhaya sagte voraus, dass diese Männer mit Waffen gerüstet sein würden, die über eine große Distanz zu töten vermochten. Für viele Hundert Jahre würden sie Java und Indonesien ausbeuten, bevor sie von einer gelbhäutigen, zwergenwüchsigen Rasse aus dem Norden besiegt und vertrieben würden. Die Herrschaft der gelbhäutigen Zwerge würde jedoch nur wenig länger als drei Ernten (drei Jahre) währen.

Jayabhayas Vorhersage wurde wahr, als die Holländer im 17. Jahrhundert Indonesien mit Waffengewalt eroberten und für 300 Jahre beherrschten. Erst 1942 besiegten japanische Truppen während des zweiten Weltkrieges die Niederländer. Die japanische Besatzung Indonesiens währte lediglich bis 1945. Die Japaner wurden von den meisten Einwohnern Indonesiens als Befreier vom holländischen Kolonialjoch gesehen - darüber hinaus erfüllte sich mit ihrer Ankunft eine mehr als 800 Jahre alte Prophezeiung. Indonesien erlangte seine Unabhängigkeit im August 1945 – nach dreieinhalb Jahren japanischer Besatzung.

König Jayabhaya mit seinen prophetischen Fähigkeiten und seiner langen, glücklichen Regentschaft entspricht dem indonesischen Archetypus des Ratu Adil – des gerechten Herrschers. Dieser König soll in einem dunklen Zeitalter des Leides wiedergeboren werden, dem „Jaman Edan“, um soziale Gerechtigkeit, Frieden und Harmonie wiederherzustellen, damit ein neues Goldenes Zeitalter, das „Jaman Raharja“ beginnen kann. Die Weltsicht der Hindus und Buddhisten kennt keine geradlinige geschichtliche Entwicklung - ihre Sicht der Dinge ist zyklisch. Demnach folgen auf ein „Goldenes Zeitalter“ das „Silberne“ und „Bronzene“, währenddessen die Menschheit immer tiefer in die Niederungen der materiellen Welt hinabsteigt, um schließlich im derzeitigen „Eisernen Zeitalter“, dem Kali Yuga anzukommen. Dieses Yuga wird auch das „Zeitalter des Streites und der Heuchelei“ genannt. Es entspricht dem javanischen „Jaman Edan“, der Epoche des Leides. Durch die Ankunft Ratu Adils wird es beendet – ein neues Goldenes Zeitalter kann beginnen.

Jayabhaya sagte voraus, dass diese Wendezeit komme, wenn „eiserne Wagen ohne Pferde fahren und Schiffe durch die Lüfte segeln können“. Dann wird Ratu Adil erscheinen. Zwar soll es sich bei ihm um einen Indonesier aus königlicher Familie handeln, der eine akute Krise beendet, und das Land wieder vereint, doch soll sein Beispiel weltweite Folgen haben, so dass er zu einem der bedeutendsten Regenten wird, welche die Welt jemals gesehen hat.

Nach Jayabhaya werden Kindheit und Jugend dieses neuen Herrschers von Armut und Verfolgung geprägt sein. Doch er wird alle Hindernisse und Schwierigkeiten überwinden, um seinem Schicksal zu folgen. Durch ihn endet das Finstere Zeitalter, werden Frieden, Gerechtigkeit und Harmonie in der Welt wiederhergestellt.

König Jayabhaya hinterließ eine Liste von 216 Vorhersagen über Ereignisse, die dem Erscheinen Ratu Adils vorangehen. Sie ist im Folgenden aufgeführt. Manche dieser Sentenzen erscheinen mehrfach, vielleicht, um ihre Wichtigkeit zu betonen. Ich habe die ursprüngliche Liste daher nicht gekürzt, mir jedoch erlaubt, bei einigen wenigen Aussagen Interpretationsvorschläge anzufügen.

1. In diesen Tagen fahren Fahrzeuge ohne Pferde.
2. Java wird von einer eisernen Kette umschlossen sein (Lockdown? – Anm. Th. R.)
3. Schiffe werden am Himmel sein.
4. Die Flüsse verlieren ihre Strömung.
5. Es gibt Märkte ohne Kundengedränge (Internethandel? – Anm. Th. R.).
6. Das sind die Zeichen, dass die erneute Ära Jayabhayas naht.
7. Die Erde wird schrumpfen (bewohnbare Gegenden werden weniger? – Anm. Th. R.).
8. Jedes Stück Land wird besteuert.
9. Pferde werden Chili Soße verzehren (nicht artgerechtes, künstliches Futter? – Anm. Th. R.).
10. Frauen werden sich wie Männer kleiden.
11. Dies sind die Zeichen, dass die Menschen und ihre Kultur vom Wege abgekommen sind.
12. Viele Versprechen werden nicht gehalten.
13. Viele brechen ihren Eid.
14. Die Menschen suchen die Schuld stets bei anderen.
15. Sie werden Gottes Gesetze (die Gesetze der Natur – Anm. Th. R.) ignorieren.
16. Negative Dinge treten in den Vordergrund.
17. Heilige Dinge fallen der Verachtung anheim.
18. Viele Menschen werden sich nur noch über Geld definieren.
19. Mitmenschlichkeit wird ignoriert.
20. Freundlichkeit wird vergessen.
21. Familien werden auseinanderfallen.
22. Väter verlassen ihre Kinder.
23. Kinder verhalten sich respektlos gegenüber ihren Müttern…

24. … und wenden sich gegen ihre Väter.
25. (Gewalttätige) Streitigkeiten unter Verwandten sind die Regel.
26. Familienmitglieder misstrauen einander.
27. Freunde werden zu Feinden.
28. Die Menschen vergessen ihre Wurzeln (ihr Herkommen – Anm. Th. R.).
29. Die Urteile der Königin sind ungerecht.
30. Es wird viele eigenartige und böswillige Anführer geben.
31. Viele werden sich seltsam verhalten.
32. Gute Menschen werden isoliert.
33. Viele Menschen werden zu verlegen (ängstlich? – Anm. Th. R.) sein, um die richtigen Dinge zu tun …
34. … und stattdessen Falschheit wählen.
35. Viele werden zu bequem zum Arbeiten sein.
36. Luxus wird sie verführen.
37. Sie werden den einfachen Pfad der Kriminalität und des Betruges nehmen.
38. Die ehrlichen Menschen werden verwirrt sein.
39. Die Unehrlichen wird es freuen.
40. Die Guten werden abgewiesen.
41. Die Bösen erheben sich zu Herrschern.
42. Ehrenwerte Menschen werden Opfer ungerechter Kritik.
43. Menschen, die Böses tun, werden verehrt.
44. Frauen werden schamlos.
45. Männer werden mutlos.
46. Viele Menschen bleiben unverheiratet.
47. Frauen sind ihren Ehemännern untreu.
48. Mütter verkaufen ihre Kinder.
49. Frauen werden Prostituierte.

50. Paare tauschen ihre Partner.
51. Frauen reiten Pferde.
52. Männer werden in Sänften getragen.
53. Ein Geschiedener ist 17 Cents wert.
54. Eine Jungfrau ist 10 Cents wert.
55. Ein Krüppel ist 75 Cents wert.
56. Viele werden ihr Leben durch den Verkauf von Wissen finanzieren.
57. Viele werden die Verdienste anderer als ihre eigenen ausgeben ...
58. ... doch es sind nur Worte.
59. Sie werden sich als Gerechte ausgeben, doch unrechte Wege gehen.
60. Viele werden ausgefeilte und schmutzige Tricks benutzen.
61. Der Regen wird zur falschen Jahreszeit fallen.
62. Viele Frauen werden Jungfrauen bis ins hohe Alter bleiben.
63. Viele geschiedene Frauen werden Kinder gebären...
64. ... und nach Vätern suchen.
65. Die traditionellen Religionen werden angegriffen.
66. Menschlichkeit ist nicht mehr länger von Bedeutung.
67. Heilige Tempel und Plätze werden gehasst.
68. Bösartige Plätze werden gelobt.
69. Prostitution wird überall sein.
70. Es wird viele geben, die es wert sind, verdammt zu werden.
71. Es wird viel Betrug geben.
72. Kinder stellen sich gegen ihren Vater.
73. Verwandte wenden sich gegen Verwandte.
74. Freunde werden zu Feinden.
75. Schüler sind feindselig gegenüber ihren Lehrern.
76. Nachbarn misstrauen einander.

77. Rücksichtslosigkeit wird überall sein.

78. Augenzeugen sollen verantwortlich für die Taten (anderer – Anm. Th. R.) sein.

79. Diejenigen, die nichts mit dem Fall zu tun haben, werden bestraft.

80. Eines Tages wird die totale Vernichtung drohen (Armageddon) …

81. … im Osten, Westen, Süden und Norden.

82. Gute Menschen werden mehr leiden.

83. Schlechte Menschen werden glücklicher sein.

84. Wenn dies geschieht, wird man einen Reiskocher für einen Reiher halten.

85. Die falschen Personen werden ehrenwert genannt.

86. Betrüger leben in größtem materiellen Reichtum.

87. Die Betrüger erleben raschen Niedergang.

88. Schlechte Menschen schaffen es in höchste Positionen.

89. Die Moderaten werden sich in der Falle sehen.

90. Die Edlen werden eingekerkert.

91. Die Betrügerischen werden grausam sein.

92. Die Ehrlichen sind vom Unglück verfolgt.

93. Viele Händler werden im Chaos fliehen.

94. Spieler werden süchtiger nach Spielen.

95. Illegale Dinge wird es überall geben.

96. Viele Kinder werden unehelich geboren.

97. Frauen werden die Ehe anbieten.

98. Männer werden ihren eigenen Status herabwürdigen.

99. Waren bleiben unverkauft.

100. Viele Menschen werden an Unterernährung leiden und sich nicht kleiden können.

101. Käufer werden anspruchsvoller.

102. Verkäufer werden Hirn und Muskeln anstrengen müssen, um im Geschäft zu bleiben.

103. In der Erwerbsarbeit werden Menschen wie Getreide sein, das ausgedroschen und weggeworfen wird.

104. Einige werden die Kontrolle verlieren und gefährlich sein.

105. Jene, die ohne Ambitionen sind, werden sich beklagen, übergangen worden zu sein.

106. Jene, welche die Spitze erreichen, werden verloren sein.

107. Die einfachen Menschen werden abrutschen.

108. Die Arroganten werden gepfählt.

109. Die Ängstlichen werden nicht überleben.

110. Jene, die Risiken eingehen, werden erfolgreich sein.

111. Diejenigen, welche das Risiko fürchten, werden zerstampft.

112. Die Leichtsinnigen werden vermögend.

113. Die Vorsichtigen werden ihr Leid beweinen.

114. Die Verrückten nehmen sich ihren Teil.

115. Diejenigen, welche körperlich und geistig gesund sind, werden weise entscheiden.

116. Die Bauern werden kontrolliert.

117. Die Korrupten stellen ihr Vermögen großzügig zur Schau.

118. Die Königin, die ihre Versprechen nicht hält, verliert ihre Macht.

119. Anführer werden zu einfachen Leuten.

120. Einfache Menschen werden zu Anführern.

121. Die Unehrlichen kommen an die Spitze.

122. Die Ehrlichen sind vom Unglück verfolgt.

123. Es wird viele Obdachlose geben.

124. Menschen werden grundlos andere Menschen attackieren.

125. Kinder werden ihre Väter ignorieren.

126. Eltern werden nicht ihre Verantwortung als Eltern übernehmen.

127. Händler werden alles verkaufen …

128. … und dennoch Geld verlieren.

129. Viele Menschen werden in guten Zeiten Hungers sterben.

130. Viele Menschen werden zwar reichlich Geld haben, aber ein unglückliches Leben führen.

131. Die Verrückten werden sich schön gekleidet zeigen.

132. Die Wahnsinnigen werden in der Lage sein, sich ein großzügiges Anwesen zu schaffen.

133. Jene, die fair und bei Verstand sind, werden dafür leiden und isoliert werden.

134. Es wird Bürgerkriege geben …

135. … als Ergebnis von Missverständnissen zwischen jenen, die an der Spitze sind.

136. Die Anzahl der Übeltäter wird sich schlagartig erhöhen.

137. Es wird mehr Kriminelle geben.

138. Gute Menschen kommen in Not.

139. Viele Menschen werden im Krieg sterben.

140. Andere verlieren die Orientierung und ihre Besitztümer werden verbrannt.

141. Die Ehrlichen sind verwirrt.

142. Die Unehrlichen freuen sich.

143. Große Reichtümer werden verschwinden.

144. Titel und Arbeitsplätze werden verschwinden.

145. Es wird viele illegale Güter geben.

146. Viele Kinder werden ohne Väter geboren.

147. Jene, die Gottes Wille vergessen, werden glücklich auf dieser Erde sein. …

148. … doch jenen, die sich an Gottes Willen erinnern, ist es bestimmt, noch glücklicher zu sein.

149. Die Rücksichtslosigkeit wird schlimmer.

150. Die Situation wird überall chaotisch.

151. Geschäfte zu machen, wird immer schwieriger.

152. Arbeitnehmer fordern ihre Arbeitgeber heraus.

153. Die Arbeitgeber werden zum Köder für ihre Angestellten.

154. Jene, die sich laut artikulieren, werden einflussreicher.

155. Die Weisen werden lächerlich gemacht.

156. Die Bösen werden verehrt.

157. Die Wissenden zeigen keine Barmherzigkeit.

158. Die Fixierung auf materiellen Komfort begünstigt Verbrechen.

159 Berufsbezeichnungen werden verlockend klingen.

160. Jene, die willkürlich handeln, werden sich als Sieger fühlen.

161. Jene, die sich weise verhalten, werden sich fühlen, als ob alles in die falsche Richtung geht.

162. Es wird Anführer geben, die zu schwach für ihre Aufgaben sind.

163. Der stellvertretende Regent wird aus den Reihen der Spielsüchtigen kommen.

164. Jene, die ein heiliges Herz haben, werden abgewiesen.

165. Jene, die bösen Willens sind, wissen ihren Vorgesetzten zu schmeicheln und machen Karriere.

166. Die Ausbeutung der Menschen wird immer schlimmer.

167. Die korpulenten Diebe können sich zurücklehnen und entspannen.

168. Hennen werden Eier in Käfigen legen.

169. Diebe haben keine Angst, ihre Ziele zu erreichen.

170. Räuber werden größeres Unheil stiften.

171. Plünderern wird applaudiert.

172. Menschen werden ihre Betreuer verleumden.

173. Wachen werden die Dinge stehlen, welche sie beschützen sollen.

174. Bürgen werden nach Sicherheiten fragen.
175. Viele werden Segen suchen.
176. Jeder wird nur für seinen persönlichen Sieg kämpfen.
177. Rücksichtslosigkeit wird überall sein.
178. Religionen werden hinterfragt.
179. Viele Menschen sind gierig nach Macht, Reichtum und Einfluss.
180. Rebellionen mehren sich.
181. Religiose Vorschriften werden gebrochen.
182. Die Menschenrechte werden verletzt.
183. Ethik spielt keine Rolle mehr.
184. Viele werden wahnsinnig, grausam und unmoralisch.
185. Einfache Menschen werden abgesondert....
186. ... sie werden Opfer böser und grausamer Personen.
187. Dann erscheint eine Königin von großem Einfluss.
188. Sie hat ihre eigenen Armeen.
189. Ihr Land wird ein Achtel der Erdenfläche umfassen.
190. Die Anzahl der Bestechlichen wächst.
191. Die Bösen werden akzeptiert.
192. Die Unschuldigen werden abgewiesen.
193. Zinn wird für Silber gehalten werden.
194. Gold wird für Kupfer gehalten werden.
195. Ein Reiskocher wird für einen Reiher gehalten werden.
196. Die Sünder werden in Sicherheit und Ruhe leben.
197. Den Armen wird man die Schuld geben.
198. Die Arbeitslosen werden in ihrem Zustand verharren.
199. Die Fleißigen werden unterdrückt werden.
200. Die Menschen werden Rache an den Gewalttätigen nehmen.
201. Arbeiter werden unter Mehrarbeit leiden.

202. Die Reichen fühlen sich unsicher.

203. Menschen, die zur Oberklasse gehören, fürchten um ihre persönliche Sicherheit.

204. Glücklich sind nur böse Personen.

205. Ärger trifft die Armen.

206. Viele werden einander beschuldigen.

207. Das menschliche Verhalten lässt Moral und Erleuchtung vermissen.

208. Die Anführer werden diskutieren, welche Länder zu ihren Favoriten zählen, und welche nicht.

209. Von den Javanesen wird die Hälfte übrigbleiben.

210. Von den Holländern und den Chinesen bleiben ein paar übrig.

211. Viele werden geizig.

212. Die Geizigen bekommen nicht ihren Teil.

213. Jene, die ihren Teil erhalten, werden großzügig sein.

214. Bettler werden überall in den Straßen sein.

215. Verwirrte Personen werden überall sein.

216. Die sind die Zeichen, dass die Menschen und ihre Kultur den rechten Weg verloren haben.

Dies sind aber auch die Zeichen, welche das Kommen des Ratu Adil, des gerechten Herrschers, ankündigen. Zukunftsdeuter in Java und Bali haben sogar anhand des Wuku Kalenders berechnet, wann das derzeitige Zeitalter des Leides zu Ende gehen soll.

Das balinesische Wuku System dient nicht primär der Messung der Zeit, wie unser westliches Kalendersystem. Es markiert im Gegensatz dazu die Eigenschaften bestimmter Tage. Damit wird der Zeit im Wuku System eine eigene Qualität zugesprochen. Dies ist vergleichbar mit dem Kalendersystem, welches die Maya für ihre prophetischen Berechnungen benutzten.

Dabei wird im Wuku Kalender die jeweilige Qualität des Tages durch die Angabe der Kombinationen der einzelnen Tagesnamen der verschiedenen Wochen bestimmt. Jeder Tag steht also für bestimmte positive oder negative Ereignisse und Eigenschaften.

Nach den Berechnungen der indonesischen Zukunftsdeuter sollen bis zum Jahr 2030 alle von König Jayabhaya vorhergesagten Zeichen erfüllt haben. Danach wird Ratu Adil, der gerechte Herrscher wiederkehren, um Indonesien und die Welt zum Guten zu verändern.

Die Menschen in Java und Bali schauen hoffnungsvoll in die Zukunft – im Jahr 2031 beginnt nach ihrem Glauben eine neue Epoche für unsere Erde – ein neues „Jaman Raharja" oder Goldenes Zeitalter.

Abb. 20: Borobudur – buddhistisches Heiligtum in Java.

Begriffserläuterungen

Akasha Chronik: Das Weltgedächtnis – ein zeitloses Kontinuum in Form eines virtuellen Informationsfeldes, welches alle Ereignisse enthält, die jemals waren, sind oder sein werden.

Atman: Der göttliche Funke im Innern eines jeden Menschen – die Seele, das wirkliche SELBST.

Avatar: Der „Herabgestiegene"; Inkarnation Gottes, die in der materiellen Welt erscheint.

Bali Aga: Wörtlich für „die alten Balinesen". Damit ist eine Volksgruppe gemeint, die sich der Einführung des Hinduismus und insbesondere des Kastensystems hinduistischer Prägung im 12. und 13. Jahrhundert widersetzten. Sie pflegen bis heute ihre eigenen Rituale und Gebräuche, die sich von denen der übrigen Balinesen unterscheiden. Die Bali Aga sind in verschiedenen Regionen der Insel beheimatet, so im Dorf Trunyan am Batur-See und in Tenganan. Tenganan gilt als reichster und mächtigster Ort der Bali Aga. Seine Einwohner sind als geschäftstüchtige Kaufleute bekannt.

Brahma: Das erste erschaffene Wesen im Universum; ist als Halbgott für die interne Schöpfung des Universums zuständig.

Brahmane: Aus dem Sanskrit von brahmana; Angehöriger der obersten Kaste der Hindus.

Devas: „leuchtete Wesen", „Halbgott". Rishis sind (laut Armin Risi): 1. die großen Weisen auf den höheren Planeten, direkte Söhne Brahmas. 2. Titel der großen Weisen und Gottgeweihten in der vedischen Zeit.

Kali-Yuga: Das „Eiserne Zeitalter" oder das „Zeitalter von Streit und Heuchelei", welches vor fünftausend Jahren begann.

Karma: Das Gesetz der „Handlung" – Gesetz von Aktion und Reaktion, Ursache und Wirkung.

Mahabharata: Das bedeutendste und umfangreichste Epos der Hindus, in dem deren Gedanken anhand der Geschichte der Bharatas, eines indischen Volksstammes, verdeutlicht wurden. Geschichtswissenschaftler gehen davon aus, dass diese Ballade vor ca. 3.000 Jahren entstand. Das heute bekannte Mahabharata stammt jedoch aus dem 4. und 5. Jahrhundert v. Chr. Bharata war ein Herrscher, der durch sein weises und tapferes Handeln den ganzen indischen Subkontinent beherrschte. Die Inder nennen sich oft noch heute die Söhne Bharatas und Indien selbst Bharat oder Bharatavarsha. Kuru, ein Nachkomme Bharatas, war der Stammvater des Königsgeschlechts der Kauravas. Durch Familienzwistigkeiten kam es zum 18-tägigen Bruderkrieg zwischen den Kauravas und den Pandavas, der auf dem Schlachtfeld von Kurukshetra stattfand und den alten Stamm fast ausrottete. Der wohl bekannteste und schönste Teil des Mahabharata ist die Bhagavad Gita.

Mantra: Gesänge, Worte voll geistiger Kraft bzw. heilige Formeln.

Maya: Das verhüllende Prinzip, das die Manifestation des Einen als materielle Wirklichkeit erscheinen und dadurch die Schöpfung entstehen läßt; der Wunsch nach „Vielheit"; die primäre Illusion.

Moksha: Befreiung des Geistes; Erlösung; Unterbrechung des Kreislaufs von Geburt und Tod; Erlangung ewiger Glückseligkeit; Einswerdung mit Gott.

Pedanda: So werden auf Bali die Angehörigen der Priesterkaste genannt, denen allein das Lesen der alten, heiligen Texte vorbehalten ist. Lesungen poetischer Texte, die auf den alten indischen Epen Mahabharatha und Ramayana basieren, sind unverzichtbarer Bestandteil von Tempelfesten und Totenritualen. Dabei wird bis heute zu diesen Anlässen ausschließlich von Palmblattmanuskripten gelesen. Eine Lesung der heiligen Texte von Manuskripten aus Papier gilt als schweres Sakrileg

Ramajana: Indisches Nationalepos mit 24.000 Doppelversen, wahrscheinlich von Walmiki verfasst (4./3. Jh. v. Chr.). Erzählt die Sagen von dem göttlichen Helden Rama und den Kämpfen, die er zu bestehen hatte, um seine von dem Dämonengott Ravana geraubte Gattin Sita zu befreien.

Rishis: Bedeutet wörtlich „Rasende" oder besser „Seher". Die Rishis waren die Heiligen des vedischen Zeitalters in Indien. Das Sternbild „Großer Wagen" steht mit seinen Sternen für die Sieben Rishis.

Samsara: Fluss; Kreislauf des Lebens; beständiger Wechsel; der endlose Zyklus von Geburt und Tod.

Veden: Der Hinduismus begründet sich in den Veden, d. h. heiliges Wissen, die von den Weisen (Rishis) „erschaut" wurden und die sie dann in Worte fassten. Lange Zeit wurde dieses Wissen nur mündlich überliefert, seine Hüter wurden Brahmanen genannt, im ursprünglichen Sinne eine spirituelle Bezeichnung für einen Wissenden, einen, der im Kontakt mit dem Brahman steht. Erst später wurden diese rituellen und magischen Formeln, Lieder, Opfergebete und Hymnen in Alt-Sanskrit aufgeschrieben. Im Mittelpunkt stand dabei immer das Opfer, das auf genau vorgeschriebene Art ausgeführt werden musste, um das Wohlwollen der Götter und die universelle Harmonie aufrecht zu erhalten. Die Bedeutung des Opfers erklärt sich schon allein aus der Tatsache, dass die Arier ein nomadisierendes Hirten- und Kriegervolk waren und somit Kulthandlungen in Tempeln, wie wir sie aus dem heutigen Hinduismus kennen, gar nicht möglich waren. Ebenso waren in dieser Zeit natürlicherweise personifizierte Naturgewalten wie Agni, Surya und Indra von großer Bedeutung. Sinn der Opferhandlungen war es, die Gunst der Götter auf sich zu ziehen, um recht irdische Dinge zu erlangen, wie viele Söhne, Wohlstand etc. Dem im Sinne des Dharma Lebenden, der alle Regeln seiner Kaste bezüglich Familie, Beruf, Gesellschaft etc. erfüllte, stand nach dem Tode das Land der Väter offen (das scheint so etwas wie unser Paradies zu sein). Diese Religionsauffassung wird als Religion des Genießens im Gegensatz zu den später entstandenen Upanishaden verstanden, wo der Schwerpunkt auf der Erlösung (moksha) liegt. Die ältesten vedischen Hymnen sollen in die Zeit bis 1500 v. Chr. zurückgehen, während die ältesten Upanishaden ab 750 v. Chr. anzusiedeln sind.

Vishnu: Einer der drei hinduistischen Hauptgötter. Er gilt als der Hüter der Schöpfung. Vishnu erscheint auf dieser Welt nie in seiner eigentlichen Form, sondern immer in einer Gestalt, die seiner jeweiligen Aufgabe angemessen ist. Daher spricht man von den 10 Reinkarnationen oder Avataren Vishnus. Neun dieser Avatare sind bereits erschienen. Die bekanntesten von Ihnen sind Krishna und Rama.

Wuku Kalender: Traditioneller balinesischer Kalender, der sich am Mondjahr orientiert.

Abb. 21: Vedische Astrologie auf einem Palmblattmanuskipt.

Verwendete Literatur

Aveling, H., „The Father's Vision in Bukan Pasar Malam" Bijdragen tot de Taal-, Land- en Volkenkunde, (1975), pp. 338 – 340

Buttlar, Johannes von, Gottes Würfel, Herbig Verlag, München, 1992

Childress, David Hatcher, Lost Cities of China, Central Asia and India, Adventures unlimited, Stelle, IL 60919 USA, 1991

Childress, David Hatcher, Lost Cities of Ancient Lemuria & the Pacific, Adventures unlimited, Stelle, IL 60919 USA, 1987

Frankenberg, Peter, Spuren im Weltgedächtnis, in VISIONEN, Heft 01/97, S. 49 ff., Sandila Verlag, Herrischried, 1997

Hering, B., „Soekarno: The Man and the Myth: Looking through a Glass Darkly" Modern Asian Studies, Vol. 26, No. 3 (Jul., 1992), pp. 495-506

Jenkins, D., „Soeharto and the Japanese Occupation", Indonesia, No. 88 (Oct., 2009), pp. 1-103

Krassa, Peter; Habeck, Reinhard, Die Palmblattbibliothek & und andere geheimnisvolle Schauplätze dieser Welt, Herbig Verlag, München, 1993

Proudfoot, I., „In search of lost time: Javanese and Balinese understandings of the Indic calendar", Bijdragen tot de Taal-, Land en Volkenkunde, Vol. 163, No. 1 (2007), pp. 86-122

Quinn, G., „The Case of the Invisible Literature: Power, Scholarship, and Contemporary Javanese" Indonesia, No. 35 (Apr., 1983), pp. 1 – 36

Risi, Armin: Gott und die Götter, Govinda-Verlag, Zürich, 1996

Rohr, Wulfing von, Es steht geschrieben ..., Ariston-Verlag, Genf/ München, 1994

Ritter, Thomas: Die Palmblattbibliotheken und ihre Prophezeiungen zur Zukunft Europas, Ancient Mail Verlag, Groß-Gerau, 2010

Rump, Peter, Urban, Gunda: Bali und Lombok, Reiseführer, Bielefeld, 2001

Suryanarain Rao, Prof. B.: The Astrological Self Instructor, 12th edition, The Astrological Office, Bangalore, 1959

Waterstone, Richard: Living Wisdom India, Duncan Baird Publishers, London, 1995

Alle Fotos: Thomas Ritter

Weitere Informationen zu den Bibliotheken des Schicksals und anderen interessanten Themen gibt es beim Autor:

Thomas Ritter
An der Frauenkirche 18
D – 01067 Dresden
Tel. / Fax: 0351 - 48454165, Mobil: 0172/3516849
Internet: www.Thomas-Ritter-Reisen.de
e-mail: ritterreisen@aol.com

Weitere Titel aus dieser Serie und weitere faszinierende Bücher finden Sie im Verlagsprogramm des Ancient Mail Verlags:

Thomas Ritter

Magisches Bali

Von Hexen, Heilern und Schicksalslesungen

IBSN 978-3-95652-117-1, Din A5,
68 Seiten, Pb., 46 Farbfotos, **€ 8,90**

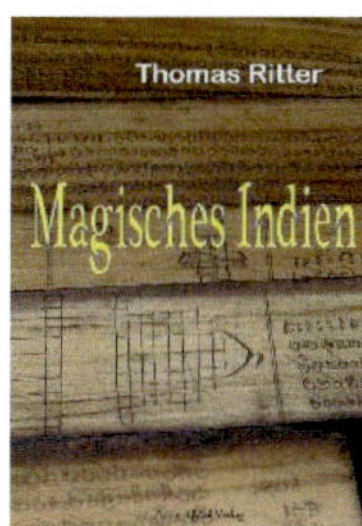

Thomas Ritter

Magisches Indien

Mächtige Götter, Geheimnisvolle Palmblattbibliotheken, Verlorene Schätze

IBSN 978-3-95652-160-7, Din A5,
Pb., 72 Seiten, 39 Farbfotos, **€ 8,90**

Thomas Ritter

Magisches Südfrankreich

Das Geheimnis eines Priesters, die Bundeslade und ein Vermächtnis aus ferner Zeit

IBSN 978-3-95652-180-5, Din A5,
Pb., 72 Seiten, 32 Farbfotos, **€ 8,90**

Thomas Ritter

Magisches Indien 2

Die Welt der neun Planeten

IBSN 978-3-95652-205-5, Din A5,
Pb., 72 Seiten, 33 Farbfotos, **€ 8,90**

Thomas Ritter

Healing Sticks

Das tibetische Buch der Heilung

IBSN 978-3-935910-63-7, Taschenbuch,
162 Seiten, 4 Farbfotos, 114 s/w-Abb., **€ 13,50**

Thomas Ritter

Magische Welt der Kristallschädel

IBSN 978-3-95652-161-1, Din A5, Paperback,
67 Seiten, 16 Farbfotos, **€ 8,90**

Unsere Welt ist voller Rätsel –
Wir wollen helfen, sie zu lösen !

Bücher und Informationen zu den Themenkreisen Archäologische Rätsel dieser Welt, Paläo-SETI, Grenzwissenschaften, Sagen und Mythen.

Fordern Sie einfach *kostenlose* weitere Informationen an – per Postkarte, Fax, Telefon oder eMail beim

Ancient Mail Verlag • Werner Betz
Europaring 57, D-64521 Groß-Gerau
Tel. 00 49 (0) 61 52 / 5 43 75, Fax 00 49 (0) 61 52 / 94 91 82
eMail: wernerbetz@t-online.de
www.ancientmail.de